Encyclopédie A.L. GUYOT

FERNAND DE VAZQUEZ

L'Art et les Moyens

DE

GAGNER SA VIE

A PARIS

PARIS
20, rue des Petits-Champs

Algérie, Colonies et Étranger : 35 cent.

(Port en plus)

———

L'Art et les Moyens de gagner sa Vie à Paris

———

FERNAND DE VAZQUEZ

L'Art et les Moyens

DE

GAGNER SA VIE

A PARIS

PARIS

Collection A.-L. GUYOT

20, rue des Petits-Champs, 20

PRÉFACE

*Les bons conseils sont des remèdes effica-
ces et des encouragements nécessaires que
les jeunes gens sans expérience ne doivent
ni dédaigner ni repousser.*

*Ils encouragent leurs efforts, chassent leur
faiblesse, instruisent leur esprit, fortifient
leur volonté fléchissante, augmentent leurs
ambitions, aiguisent leurs désirs et perfec-
tionnent leur sagesse.*

Les bons conseils valent de l'argent.

*Ce petit ouvrage s'adresse à ceux qui cher-
chent à se débrouiller dans la vie et qui, sans
relations, sans métier et sans ressources,
sont à la merci d'un lendemain funeste.*

*Il leur enseignera les principes indispen-
sables à la réussite de leurs espoirs, et leur
prouvera qu'on peut arriver à gagner honnêtement sa vie par des moyens qu'il est facile de mettre en pratique.*

*A une époque où toutes les carrières sont
encombrées, où tous les emplois sont pris,*

toutes les places occupées, et que, par contre, les appétits sont plus grands, il était intéressant de fournir, à l'intention de ceux que l'adversité réduit à l'impuissance et souvent à la misère, en un traité concis et pratique, les moyens précieux qu'il faut pour se tirer d'affaire du jour au lendemain.

Nous avons donc pensé que c'était faire œuvre humaine et salutaire, ceci sous un cachet curieux et exact, de publier un tel volume que le bon marché rend accessible à tout le monde.

Nous sommes heureux de pouvoir l'offrir à nos lecteurs, sûrs qu'ils ne regretteront pas de l'avoir lu, car ils en sauront apprécier l'utilité et l'agrément.

L'Editeur.

L'Art et les Moyens de gagner sa Vie

A PARIS

CE QU'IL FAUT POUR RÉUSSIR

Gagner sa vie est un problème qu'il faut s'efforcer de résoudre le plus vite possible, car l'avenir ne nous appartenant pas, on doit d'avance prendre une offensive sérieuse contre lui pour en triompher plus tard.

Dès l'âge d'homme, on commence à s'orienter pour faire son chemin, en s'assurant l'indispensable, le nécessaire, la matérielle.

Point n'est besoin de se presser pour atteindre un but souvent inaccessible. Il faut « *se hâter lentement* ».

Il en est qui se fient et se livrent au hasard malicieux, persuadés qu'il tracera pour eux la route qu'ils doivent tracer eux-mêmes.

Ceux-là sont insensés, et seuls sont les sages, ceux qui envisagent l'existence d'une façon positive et pratique.

Et si l'heureuse occasion se présente à eux, ils la saisissent et s'en emparent, en profitant habilement jusqu'au jour, où sous une forme tangible, elle est devenue la chance, et par conséquent Bonheur et Victoire.

Tant qui connaissent encore l'infortune et l'adversité pour n'avoir pas été assez adroits ou assez prudents pour conserver près d'eux cette chimère muée en réalité.

Tant qui sont malheureux et qui végètent pour avoir manqué d'énergie au moment où il en fallait faire preuve.

Et il est trop tard ensuite, lorsque regardant en arrière, se remémorant le passé qui à certains instants fut clément et pitoyable, on veut refaire sa vie.

On ne refait pas sa vie facilement, alors qu'il est si difficile de la faire.

Donc, il sied, quand on ne peut, par suite de circonstances pénibles, de manque de ressources, de situation précaire, suivre sa vocation, il sied, par tous les moyens honnêtes possibles, de trouver un emploi pour s'abriter de la misère et des catastrophes probables, quitte plus tard, à adopter le métier ou la profession de son choix.

Un jeune homme sans fortune ne peut embrasser de carrière libérale comme un jeune homme sans diplômes ne peut pénétrer dans certaines administrations de l'Etat.

S'il est orphelin, sans famille, sans aptitudes spéciales, sans métier manuel, sans certificats, sans expérience, sans amis influents ou serviables, que fera-t-il ? Que fera-t-il pour se tirer d'affaire ?

La province ne nourrit pas son homme, elle n'offre pas assez d'aboutissants aux jeunes gens pressés de gagner leur vie. Elle les repousse vers Paris, Paris ! cette capitale flamboyante, attirante, terrible qui engloutit des fortunes comme elle engloutit les illusions, les projets et les espérances.

Et cependant, c'est vers Paris que se dirigent les habitants des villes et des campagnes, les uns pour y tenter la réussite, les autres pour s'affranchir de jougs dont souffrait leur indépendance, d'autres pour y tromper leurs neurasthénies précoces, s'y étourdir, s'y amuser et s'y perdre.

La terre est délaissée, et les paysans lui préfèrent le zinc d'un comptoir où ils débiteront des vermouths falsifiés et des absinthes funestes, ou le siège d'un fiacre.

Il est pourtant vrai que Paris, dont la population est d'environ trois millions, possède l'ensemble de tous les commerces et de toutes les industries, et si la proportion des habitants dépasse le nombre d'emplois, il est permis à ceux qui sont sans place, sur le pavé, abandonnés, en quête de travail, de pouvoir vivre au jour le jour en attendant mieux.

Ce n'est pas en dormant sur les bancs ou dans son lit qu'il faut attendre la richesse ou la veine.

L'une et l'autre, l'une, sorte de corollaire de l'autre, ne viennent pas ainsi bénévolement.

L'avenir est à celui qui se lève de bonne heure, dit-on, et cet adage est vrai.

Et il s'applique d'autant mieux à Paris qu'il est peu de villes où le travail soit plus nombreux, où la lutte soit plus acharnée, où les désirs soient plus aigus, où l'arrivisme soit plus en marche.

On y travaille autant qu'on s'y distrait, et même, dans l'amusement, on découvre du labeur.

La soif de l'argent possède les hommes plus que jamais : d'abord, parce que la vie se fait plus chère; ensuite, parce que le luxe s'y étale outrageusement, donnant envie à ceux qui le regardent ou à ceux et celles qui en sont les artisans, d'en attrapper, d'en conquérir au moins un semblant, une parcelle.

Fuir la misère, c'est fuir une maladie contagieuse, c'est redouter un malheur irréparable, la mort.

Et la détester, cette misère, c'est ce que font les faibles qui, à force de courage et de persévérance, deviennent, sinon puissants, du moins invulnérables.

Dans cette bataille de la vie, où tous les sentiments, les bons et les mauvais, sont en jeu, on vainc ou on périt.

Il faut vaincre, et pour cela, il est bon et nécessaire de se tracer une ligne de conduite dont on ne doit pas se départir. Les qualités essentielles qu'on doit acquérir si on ne les a, sont : la *volonté*, le *courage*, l'*ordre*, la *tempérance en tout*, la *prudence* et la *confiance en soi*.

La volonté est le principe de tous nos actes.

Le courage nous aidera à dompter les défections, à braver les obstacles, à les franchir.

L'ordre nous évitera la perte de temps, car les minutes sont précieuses.

La *tempérance* sera pour nous l'indispensable vertu qui nous sauvegardera des tentations et des pièges qui s'offrent à nous à chaque pas, car les mauvaises fréquentations, la passion du jeu, les amours désordonnés, l'alcool, l'abus des plaisirs pernicieux, sont des entraves à l'existence.

La prudence doit nous dominer, car s'il est difficile de nous garder de nous-même, il est encore plus délicat de nous garder des autres.

Un seul faux-pas peut nous perdre à tout jamais.

La *confiance en soi*, point exagérée, est utile à ceux qui combattent pour le morceau de pain. Elle est un acheminement à l'ambition, mais une ambition sans orgueil.

Avec de telles armes, on peut affronter la vie sans crainte, on peut la regarder en face, surtout et davantage si l'on a pour soi la santé qui est un bienfait plus appréciable que la fortune, car elle nous donne la force de la conquérir.

Les tentatives seront nombreuses avant qu'une seule ait réussi, mais on les multipliera sans désespoir et sans lassitude, ayant d'idée tenace de ne pas fléchir. La récompense en sera plus douce.

Ce n'est pas une utopie que d'escompter une chance qu'on aura forcée, et il y a beaucoup d'exemples de jeunes hommes partis de rien et arrivés à quelque chose.

La lutte est plus âpre, il est vrai, mais le mérite est plus grand, et la devise « Vouloir, c'est pouvoir » offre, par son exactitude, une consolation à ceux qui la prenant pour eux, la croient et se la répètent comme une prière et comme un ordre.

« Si tu tombes six fois, relève-toi six fois » dit un proverbe japonais.

En effet, la lutte est un incomparable stimulant, elle n'abat que les faibles.

Mais il faut aussi que le jeune homme soit optimiste, envisageant les gens et les choses sous un joyeux aspect.

« La défaite peut l'abattre un moment, il se relève toujours. Il a puisé dans son échec une leçon dont il tiendra compte. Il entrevoit une victoire qui compensera largement les pertes antérieures. Il s'y prépare, il aiguise ses armes, s'entraîne à la lutte, attend, observe, écoute, pour bondir quand il croira l'heure propice, dans l'ardente mêlée, pour confondre son action dans l'action générale, pour coudoyer des courages, fondre avec ses partisans sur l'ennemi commun et cueillir sa part de laurier. Il sait d'avance que l'adversité reculera devant son pas triomphant et qu'il finira par coucher sur les positions conquises. Cette certitude de la victoire donne à l'optimiste une énergie irréductible, une force considérable, une propriété d'adaptation aux circonstances extraordinaires. Il est gai, il est sympathique, il attire, on aime sa philosophie sereine, il communique aux autres son imperturbable confiance. Son sourire dans le danger impressionne et rassure les timorés, en même temps qu'il suscite l'admiration des braves. L'homme, sûr de soi, se distingue vite des veules et des indécis qui peuplent la vie, on le remarque, sa suprématie s'affirme et les envieux, même, sont obligés de la subir, en maugréant bien entendu. » (1).

Comme il n'y a pas de sots métiers, on n'a pas à répugner à en choisir un, momentané, qui ne soit pas de votre condition.

Dès l'instant où l'argent que vous gagnez est le prix de vos efforts, le préjugé disparaît et vous êtes un homme libre. La liberté ne

____

(1) *L'Homme qui réussit.*

s'acquiert que par le travail, puisque c'est lui qui vous affranchit. Le travail c'est toute la vie que le repos adoucit.

Ainsi, gaiement et sans précipitation, l'esprit tranquille et la conscience légère, vous monterez, sous la charge de vos espoirs, la côte accidentée qui mène à l'avenir, riant, avec fierté, des longs jours pénibles que vous aurez laissés loin derrière vous, remplacés par des jours heureux.

DEUX CLASSES SOCIALES - DEUX TEMPÉRAMENTS

Il est nécessaire de mettre en parallèle deux jeunes gens de condition et de tempérament différents, car ce qui ne peut convenir à l'un doit être possible pour l'autre.

Le sort ne choisit pas ses victimes, mais il est offert à chacun de nous une compensation qui nous rend égaux les uns vis-à-vis des autres.

Nous ne nous occuperons pas de l'ouvrier qui, lui, a un métier lui permettant de s'embaucher assez facilement et de changer de patron pour se mettre au service d'un autre,

Prenons donc deux classes sociales rapprochées par les liens de la loyauté et de l'intelligence.

1° Un jeune homme de bonne éducation et de solide ou suffisante instruction, de tempérament peu fait pour les lourds travaux et pour les besognes harassantes ;

2° Un jeune homme de constitution assez robuste, aux idées moins arrêtées, moins raffinées, pouvant se prêter à des corvées ou à des emplois plus ordinaires.

... Ces deux jeunes gens vont aller aux hasards de la vie, prêts à accomplir le même devoir, d'égal courage, animés des mêmes désirs, ayant les qualités requises pour se débrouiller.

Aujourd'hui, ils sont dans la même position pénible, et il faut qu'ils commencent à se tirer d'embarras de suite.

Parmi les petits métiers indiqués plus loin, ils choisiront celui ou ceux qui leur conviendront le mieux, celui qu'ils croient plus spécialement propre à leur « sauver la mise », adapté à leur caractère, à leur tempérament, à leur activité. Ce que l'un ne peut faire, l'autre le fera.

Tel ne craindra pas de prendre une blouse, un tablier ou une veste grossière pour porter des fardeaux, pousser une charrette, etc...

Tel autre fera des courses, écrira, vendra des objets, bonimentera.

Si l'un de ces deux chercheurs de « matérielle » trouve à s'engager dans un magasin, une usine, un bureau, les petits métiers de pis aller qui leur sont les premiers points d'appui, ne servent plus pour eux, mais il faut considérer qu'ils en sont au début d'une lutte terrible et que toutes les portes leur sont fermées, ce qui, dans le cas actuel, n'a rien d'étonnant.

Ils n'ont qu'à se jeter dans la mêlée sans craindre les coups qui les blessent, confiants, forts d'eux-mêmes, sans scrupules de race, sans fausse honte, mais quand même dignes et fiers, de cette fierté qui n'est point vaniteuse.

Ils iront vite, ne s'attardant pas aux spectacles de la rue, sinon pour observer avec profit, car ils doivent se souvenir toujours, à chaque moment de la journée qu'ils ne sont pas des badauds mais des travailleurs.

Mais tous deux doivent posséder la volonté.

Sans elle, ils ne feraient rien.

LA VOLONTÉ

Qu'est la volonté ?

C'est le levier indispensable pour écarter les obstacles de la route dans cette marche vers le mieux, qui doit être l'objectif de toutes nos actions, dont la fin principale est la conquête du bonheur.

Il n'est pas rare d'apprendre par les journaux spéciaux, que tel coureur a passé quatre jours et quatre nuits, pédalant sur sa bicyclette dans l'anéantissement de toute idée qui n'est pas celle-ci : « Persévérer ».

Devant cette volonté, tout disparaît : la faim, la soif, le sommeil, toutes les nécessités de la vie ne sont plus que des détails; l'âme n'est capable d'autre chose que de songer à faire, dans un mouvement vertigineux, le même geste faisant partie de la foule de gestes pareils qui doivent aboutir à la conclusion de l'effort; et ils ne craignent qu'une seule chose, c'est de ne pouvoir le prolonger.

Avec la volonté, comme compagne, on peut hardiment affronter la vie. Et il ne suffit pas de l'avoir, il faut aussi la cultiver. De la sorte, on est aussi puissant et aussi calme devant les événements et l'imprévu de l'existence que le sont les souverains et les riches.

———————

Où l'on voit un jeune homme sans ressources, sans relations et sans métier, en plein Paris, cherchant, pour la première fois, à gagner sa journée.

Paris est encore endormi, le matin se lève peu à peu. C'est à peine si quelques voitures passent. Les balayeurs ont nettoyé les rues, les chiffonniers, hommes et femmes, cherchent dans les poubelles les vieux papiers, les morceaux d'étoffe, les mille riens cassés qui sont pour eux d'agréables trouvailles.

Des bars s'ouvrent, préparant pour les ouvriers matineux le vin blanc ou le café qu'ils vont venir boire tout à l'heure. Un jeune homme, vagabond pour l'instant, erre dans la ville silencieuse. Où va-t-il ? Devant lui, au petit bonheur... en attendant l'heure propice pour commencer la lutte contre la vie.

Il a faim et il n'a pas d'argent. Il faut donc qu'il se procure le moyen de manger... gratuitement. Mais il ne connaît point suffisamment et même pas du tout les dessous de Paris.

Or, il faut qu'il résolve d'abord les trois problèmes de la nourriture, du logement et de la tenue.

LES TROIS PROBLÈMES

LA NOURRITURE — LE LOGEMENT — LA TENUE

La Nourriture

Il est indispensable de connaître les endroits de la Capitale où les pauvres et les sans-le-sou trouveront de quoi les empêcher de mourir de faim.

Il existe des « *soupes populaires* » accessibles à tous ceux qui, levés tôt, ne craignent pas de faire queue pour bénéficier de cette distribution charitable.

Car, il y a, parmi ceux-là qui offrent aux

malheureux l'occasion de se nourrir dès le matin, des jeunes gens courageux, animés de pitié, et dévoués, qui servent eux-mêmes, à l'aube, ces bouillons réconfortants.

Ils donnent à chacun de ces affamés la soupe au pain et aux choux et le bouillon gras de pot-au-feu.

Dans tous les quartiers excentriques, à Belleville, à Ménilmontant, à La Villette, il y a des « assistances » pour les pauvres à jeun.

Tous les matins, certains grands restaurants du boulevard font à leur porte de nombreuses distributions de soupe.

Allez à la porte d'un de ces restaurants, mettez-vous à la file, et bientôt vous recevrez votre portion.

Au milieu de la journée, vous n'avez qu'à vous présenter à la porte d'une caserne.

« Je vous recommande, d'une façon spéciale, le poste de la Garde-républicaine du Palais de Justice. J'y suis allé un jour, je me suis installé sur le banc qui est en face de la grille, au pied de l'horloge, et là, je me suis fait servir, dans une boîte en fer blanc dont je m'étais à l'avance muni, une pleine gamelle d'une soupe excellente, accompagnée d'un morceau de pain. Je connais des employés de la ville, balayeurs de rues, égoutiers et autres qui, depuis longtemps, sont « abonnés à cette soupe ». Pourquoi iraient-ils payer 25 centimes chez le marchand de vin d'en face, une assiette de potage d'un goût douteux, alors que les soldats, gratuitement et le sourire sur les lèvres, leur offrent une soupe appétissante, qui, à elle seule, suffit pour entretenir, pendant une demi-journée, les forces d'un homme ? » (1).

Si l'on veut faire un repas plus complet, on a la « Bouchée de Pain » et le restaurant de la rue des *Grandes-Carrières*, où des personnes charitables, sans demander nom ni adresse, servent à manger et à boire gratuitement.

Si l'on préfère une tasse de thé, il y a 8 ou 10 salles de conférences où l'on trouve ce thé, avec un sermon religieux en plus.

On peut indiquer encore la « Société de relèvement des malheureux » qui vous fournit le moyen de se nourrir et de travailler en distribuant à ceux qu'elle estime et protège des bons de fourneaux et des bons de travail.

Elle emploie à diverses besognes celui qui

---

(1) *Paris qui mendie.*

lui demande secours, et si elle a sujet de s'intéresser à lui, elle met tout en œuvre pour lui trouver une place.

Des bons de pain, on en a chez les boulangers, chez des commerçants, dans les mairies.

Des bons de travail également, et il est aisément prouvé que celui qui, dans une certaine classe sociale, ne travaille pas, c'est parce qu'il ne le veut pas.

Il en est qui, avec deux sous, peuvent se payer une soupe à la *cuisine en plein vent,* au coin de la rue, *aux Halles.*

Aux Halles, en effet, pour quelques sous, on mange des saucisses, des arlequins, des restes de victuailles qui ne sont plus.

Les brouets des fournaux, festins nauséabonds
Par la philanthropie offerts aux vagabonds.

Puis, c'est l'auberge à 4 sous, chez Fradin.

L'Auberge à 4 sous

« Cette étroite et sombre maison de cinq étages, toute en hauteur... et en profondeur, se trouve, 35, rue St-Martin. Au rez-de-chaussée, une boutique discrète, aux volets clos, pleine de silence, mais illuminée à l'intérieur et d'où s'échappent des odeurs de soupe chaude, tel est l'asile que l'honorable et moustachu Fradin offre toute l'année à sept ou huit cents vagabonds de la Capitale, de huit heures et demie du soir à six heures du matin.

Pour 20 centimes, on y a une écuelle de soupe. Pour un ou deux sous de plus, un verre de vin ou de café, et l'on y trouve un abri, sinon confortable, du moins chaud, où l'on ne risque pas de geler.

Le rez-de-chaussée n'a rien de remarquable, on dirait la boutique d'un marchand de vin, dépourvue d'un luxe inutile ici.

Derrière une espèce de comptoir, trône la mère Fradin, qui distribue des jetons en échange du prix des soupes.

Sauf le premier étage, toute la maison, des caveaux au quatrième, n'est qu'un immense dortoir, aux différentes sections duquel on accède par des escaliers en bois, raides comme des échelles de meunier. Dortoir! si l'on veut! il n'y a pour dormir que des tables et des bancs, autour desquels, sur lesquels, sous lesquels, on s'entasse, on s'étend, on s'affale, on somnole, on ronfle.

Après minuit, tout est plein, surtout en hiver; le plus petit coin libre a son dormeur.

Vers deux heures et demie du matin, le plus absolu silence règne dans ces salles.

Ce silence n'est troublé que par des questions de ce genre : « Qu'est-ce qui a un sou de pain, un sou de fromage à revendre ? »

Il y a parmi ces malheureux des malins qui ont su tourner les difficultés, en s'adonnant à une foule de métiers bizarres, comme ceux de « mégottiers », de « bagottiers » (suiveurs de voitures), d'ouvreurs de portières, de crieurs de journaux, de portefaix des Halles. On y voit aussi des ouvriers terrassiers ou maçons, provinciaux pour la plupart, qui viennent là par simple économie. »

(Guide des Plaisirs à Paris).

Le Père Coupe-Toujours

Près de la pointe Saint-Eustache, rue Montorgueil, le *Père Coupe-Toujours* offre des festins de rois à ses hôtes.

Le rosbif est énorme et tout jutant de sang; les légumes sont superbes et bien cuits et dans l'immense marmite qui contient 130 litres, le bouillon se mijote avec des abatis de volaille.

Le *Père Coupe-Toujours*, coupe, coupe sans se lasser des tranches de rosbif. Il n'y a ni nappe, ni serviette, mais on ne donne pas de pourboire, et on dîne princièrement pour 4 sous, pour 8 sous... même 12 sous...

Aux « *Nouvelles Caves* » ou à la « *Brasserie Morand* » pour cinq sous on peut sommoler jusqu'à cinq heures du matin, et avoir, au réveil, une soupe.

Ce ne sont pas, d'autre part, les œuvres de secours qui font défaut, œuvres admirables et utiles : *œuvre des prêts, fourneaux économiques, assistance par le travail, œuvre des dizaines, refuges, ouvroirs, marmites des pauvres, bouchées de pain, société de Saint-Vincent-de-Paul, chauffoirs publics, œuvres des bains,* etc...

Or, s'il répugne au jeune homme de notre livre d'aller chercher nourriture et asile en ces endroits populeux, il doit faire l'impossible pour réunir les quelques sous nécessaires à ses repas ou à son repas, s'il ne peut en prendre qu'un.

Il a à sa disposition des petits restaurants très convenables, des petites boîtes à manger, les crèmeries où on lui donnera un bol de chocolat ou une tasse de lait, des œufs, du beurre, du fromage.

Dans les « bouillons », il ne dépensera pas beaucoup : 0 fr. 90 centimes, 1 fr. 10, 1 fr. 25... et il aura l'illusion de dîner dans un grand établissement de luxe.

On peut même se contenter d'une portion de 40 centimes et d'un café.

Mais il est plus pratique, plus sage, plus agréable et plus simple, si l'on a ce qu'il faut, un domicile fixe, de faire soi-même sa « popote ».

On achète pour 2 fr. 50 un petit fourneau à charbon et l'on y fait cuire ce que l'on veut : viande, œufs, légumes...

Les fruitiers du quartier débitent même des légumes cuits.

Il ne faut donc pas croire qu'il est difficile de se nourrir à Paris, surtout lorsqu'on a mis de côté un inutile et gênant amour-propre.

Le respect humain, devant la faim, doit disparaître.

QUELQUES RECETTES SIMPLES ET RAPIDES

Potage reconstituant

Délayez une cuillerée à bouche de farine de lentilles et une cuillerée de malt d'avoine. Faites chauffer, remuez souvent pendant la cuisson, ajoutez sel, poivre et une noisette de beurre au moment de manger.

Temps : 20 minutes.

Farine de lentilles : 5 centimes.

Malt d'avoine : 5 centimes.

Beurre : 5 centimes.

Œuf à la coque

Voici la plus simple façon de cuire un œuf à la coque que vous choisissez bien frais : mettez-le dans une petite casserole couverte d'eau froide, faites chauffer à feu vif ; quand l'eau bout à gros bouillons, l'œuf est cuit à point.

Voulez-vous le cuire hors du feu ? Mettez-le dans un bol, versez dessus de l'eau bouillante, couvrez hermétiquement. Retirez cinq minutes après, l'œuf est cuit et laiteux.

Temps : 5 minutes.
OEuf : 15 centimes.

Bœuf Mathurine

Achetez chez le boucher un morceau de bœuf bouilli et chez l'épicier un flacon de sauce tomate. Coupez le bœuf en petits morceaux et faites chauffer sans laisser bouillir dans la sauce tomate avec sel et poivre. En quelques moments vous avez un excellent plat.

Temps : 5 minutes.
Bœuf : 20 centimes.
Tomate : 25 centimes.

Le Logement

Il est indispensable que le jeune homme qui veut gagner sa vie, avec méthode et dignité, ait un domicile fixe.

Je ne lui conseillerai pas de se mêler à ces mendiants et à ces déclassés, à ces vaincus de la vie, qui, moyennant deux sous passent quelques heures de sommeil dans certaines auberges voisines des Halles où l'on a le droit de s'asseoir à une table et de dormir la tête sur ses bras.

Il faut donc qu'il loue une chambre au mois, ou à la quinzaine, ou à la semaine dans un hôtel de cinquième ordre, quitte à changer plus tard pour faire mieux.

On loue des chambres à partir de vingt sous par jour... et l'on est son maître.

Si l'abri n'est pas confortable, on a toujours la satisfaction de se savoir chez soi.

Plus tard, alors qu'on a un peu plus d'argent devant soi, on prend une petite chambrette à 15 ou 18 francs, même 20 francs par mois, dans une maison particulière.

Montmartre, les Batignolles, le Quartier-

Latin et les Boulevards extérieurs ont des homes très bon marché. On la meuble peu à peu, et peu à peu on se compose un intérieur propre et simple que vous aimez autant que les riches peuvent aimer et se plaire dans leurs somptueuses demeures. Les étudiants n'aiment-ils pas leurs mansardes ?

On mettra de l'ordre dans sa chambre comme on met de l'ordre dans sa vie, et les pauvres objets qui l'orneront seront aussi chers que de précieux bibelots, car ils seront précieux aussi, et, vos familiers, ils deviendront plus tard vos souvenirs.

L'échéance du terme vous fera peur parfois; mais, en sachant équilibrer son budget, on la verra approcher sans frayeur.

Econome, sobre, honnête et ordonné, on fera de la ponctualité un devoir, et on ne se repentira jamais d'avoir été ce qu'on doit être.

Seuls, restent médiocres et deviennent ratés, les fainéants, les débauchés et les veules.

En attendant de se faire un foyer, de créer une famille, un des buts de l'existence, on vivra seul avec ses rêves, avec ses peines et ses malheurs, acharné à briser l'entrave de l'adversité.

La petite chambre qui vous abritera et vous isolera de la rue, sera le centre de vos batailles, et si elle protège votre sommeil, vos maladies physiques, elle doit être aussi votre réfectoire et votre salle de travail.

La concierge vous ravaudera vos chaussettes et raccommodera votre linge.

Vous-même, surtout si vous avez été soldat, et habitué aux privations et aux petites besognes domestiques, remplacerez la femme de ménage qui vous demandera sept sous pour une heure de travail.

Levez-vous plus tôt et suppléez-là, vous n'en serez pas moins estimé, au contraire.

Et le pain que vous mangerez chez vous, à l'abri des curiosités et des commérages, aura peut-être meilleur goût que celui que vous distribuera parcimonieusement le garçon de restaurant.

Il suffira d'un rayon de soleil pour apporter la joie dans votre solitaire et petite chambrette.

La Tenue

Ce qu'on demande à Paris, avant tout, c'est de la tenue.

Le seul et le vrai moyen d'inspirer confiance, c'est d'être bien vêtu et vêtu proprement.

On doit donc sacrifier beaucoup à cette obligation et paraître plus qu'on est. A cette seule condition, vous serez bien accueilli et susceptible davantage d'obtenir ce que vous demandez.

On ne fait pas de sentiment à Paris, et malheureusement on se fie plutôt sur les apparences que sur la réalité.

Il faut donc jeter les haillons aux orties et se procurer à bon compte des vêtements en bon état.

Comme on ne peut demander un crédit aux tailleurs, il sied d'aller tout d'abord chez les fripiers qui vous vendront à bas prix des effets sortables.

Ces marchands d'habits que vous découvrirez rue Simon-le-Franc, rue de Picardie, rue Dupetit-Thouars, rue de l'Ecole-de-Mé-

decine, rue de la Corderie, rue de Saintonge,
vous feront choisir, dans le tas, des vestes,
des jaquettes et des pantalons qui, une fois
arrangés, pourront permettre d'attendre les
habits neufs que vous vous serez procurés, à
force d'économie, avec des bons chez Du-
fayel et les nombreuses maisons de crédit
de Paris.

Quand on a réussi à s'habiller proprement
à bon marché, on peut arriver à être présentable, en attendant d'être correct.

Etre présentable ! question essentielle et
délicate. Une des conditions de réussir, car
on ne donne sa confiance qu'à ceux qui ne
paraissent point trop misérables.

Le proverbe dit « qu'il vaut mieux faire
envie que pitié » et le proverbe a raison.

La tenue vous donnera de l'audace, cette
audace également nécessaire dans la vie,
surtout à cette époque de progrès et de courage.

Vous pouvez donc, sans effort, oser toutes
les tentatives qui réussiront, si elles sont sages, avec la collaboration des qualités énon-
cées plus haut.

LES BIENFAITS DU SPORT

Le sport offre un double avantage à ceux qui le pratiquent : développer le corps, en permettant d'acquérir ou de solidifier la santé, sans laquelle on ne peut rien faire, et à cette école d'énergie, obtenir cette dose de hardiesse nécessaire à tous les hommes.

Comme il est utile que des distractions soient offertes à celui qui travaille, on peut conseiller, parmi celles-ci, les agréments utilitaires et bienfaisants que sont les sports, que l'on cultive de plus en plus à l'heure actuelle.

Possibilité d'augmenter ses ressources par la pratique des Sports

Je ne viens pas affirmer qu'il est possible à tous de gagner de l'argent en pratiquant les sports divers qui sont à la portée des moins fortunés, mais il est certain qu'en suivant quelque peu un régime d'entraînement nécessaire, on peut arriver à tirer profit des *sports pédestres*, du *cyclisme* et de la *boxe*, sports qui sont les seuls suffisamment répandus en France pour essayer d'en obtenir des bénéfices pécuniaires.

Le Cyclisme

Le *cyclisme*, sport qui a atteint son plus grand développement dans notre pays, est certes celui qui, à première vue, offre le plus d'avantages, quoique souvent les inconvénients de ressources médiocres soient un gros obstacle à une parfaite réussite dans sa pratique.

Si vous vous sentez des aptitudes pour le *cyclisme*, il est assez facile de s'entraîner. On peut disposer d'une heure par jour pour aller pédaler sur les longues routes, et lorsque vous vous trouvez en condition suffisante pour courir, il vous est possible de participer à l'une des nombreuses épreuves qu'organisent tous les dimanches les diverses sociétés sportives.

Une seule formalité est indispensable : c'est l'achat d'une licence à l'*Union Vélocipédique de France*, 8, *Boulevard des Italiens*.

Des épreuves sont bien organisées sous le concours de la grande Fédération Française, mais les difficultés d'une organisation défectueuse font parfois préférer très vite la petite contribution perçue par l'U. V. F.

Les débuts ne seront peut-être pas aussi brillants qu'on l'espère, mais ne vous découragez pas, car, avec de la ténacité, il est permis à tous d'arriver dans les sports.

Si vous êtes « placés » pour le cyclisme, vous pouvez vous faire une très belle situation plus tard, car s'il est vrai que de nombreux coureurs vivent misérablement, il y en a une certaine quantité, chaque jour plus importante, qui mènent une vie aisée, et d'autres qui gagnent beaucoup d'argent.

Il est facile à tous d'avoir cette ambition, et nombreux sont ceux qui, avec de la volonté, prennent place dans l'existence à la force de leurs jarrets.

Les Sports pédestres

Là, point n'est besoin de machine coûteuse, ce sport est à la portée de tout le monde.

Il suffit de posséder 3 qualités :

Un cœur et des poumons sains.

Un estomac robuste.

Un peu de volonté.

Muni de ces précieux avantages, il ne reste plus qu'à se livrer aux douceurs de l'entraînement. Il sera bon de faire partie d'une des nombreuses sociétés qui régissent les sports pédestres en France.

Comme vous désirez gagner de l'argent, vous devez entrer dans la catégorie professionnelle. Il existe, en effet, deux classifications bien distinctes : les amateurs, qui ne peuvent pas être rémunérés, et les professionnels qui ont droit à des prix en espèces.

La Fédération professionnelle qui porte les initiales : F. S. A. P. F. a son siège rue Mandar.

Les considérations sportives sont les mêmes que pour le cyclisme.

Entraînés, vous pouvez arriver à gagner de temps à autre des prix qui vous encourageront.

Les allocations sont beaucoup moins fortes que dans le cyclisme, mais le sport pédestre professionnel n'a pas encore atteint un rôle prépondérant dans l'athlétisme français. On le considère encore comme une distraction.

Actuellement, on ne peut toujours envisager la possibilité de ne vivre que du produit de ses efforts, car, pour cela, il faut atteindre un degré d'entraînement suffisant pour devenir un brillant spécialiste.

La Boxe

La boxe anglaise qui vient de s'imposer comme un des spectacles des plus cotés, est aussi un des sports les plus éducateurs.

Nombreux sont déjà, en France, les adeptes de cette belle école d'énergie. Ici, une paire de gants de boxe, un cœur solide, et de la ténacité, et vous voilà équipé pour fournir suivant vos qualités, devenir un des princes du ring ou rester un figurant actif mais obscur.

Une heure de travail, tous les jours, dans une des nombreuses salles de boxe, et vous serez en mesure de participer à maints combats.

Qu'une victoire récompense vos efforts, vous aurez fait un grand pas sur l'échelle de

la gloire et des profits, car si, restant **médio-
cre**, vous ne pouvez gagner que des **sommes**
minimes, il vous sera possible de **gagner**
des sommes d'une certaine importance **dès**
que vous aurez pu obtenir quelques succès.

C'est à vous de conquérir à la force de vos
poings : profit, honneurs et même célébrité.

. . . .

« Ame saine dans un corps sain » est devenue une formule courante, presque un
axiome.

Il ne faut pas, dit Weber : « considérer
l'exercice comme un moyen d'acquérir des
aptitudes nouvelles, ni même de perfectionner les aptitudes naturelles, c'est la condition « *sine qua non* » du développement in-
tégral de ces aptitudes. »

Par le sport, avec comme planche de salut momentané, les petits métiers indiqués
plus loin, on arrive donc aux buts suivants:

Le décuplement de l'énergie.

La confiance en soi.

L'endurance.

La santé.

Les agréments de l'imprévu.

La sobriété en tout.

Mais encore faut-il pratiquer ces sports avec intelligence et méthode.

Et puis, ils nous aident à supporter le travail le plus fatigant et le fait aimer.

« Le travail donne à celui qui le comprend et qui l'aime sincèrement, d'abord le sentiment ferme de sa propre dignité, en même temps qu'une grande tendresse de cœur pour des travailleurs, parce que seul, le travail apprend à mesurer et à estimer l'effort et la peine ». (1).

RÈGLES DE TRAVAIL

Apprendre à bien travailler est un des premiers principes de l'éducation individuelle. Soumettez-vous donc aux règles que nous devons à l'expérience et à la raison.

En voici quelques-unes qu'il sera bon d'observer à tous les moments de l'existence.

(1) Isidore Amiel, *Le Livre des Adultes.*

M. Silvain Roudès nous les enseigne dans un de ses volumes.

1° Envisagez toutes les faces du travail que vous avez à faire, ne cherchez pas à vous dissimuler toutes les difficultés et voyez si vous pouvez les vaincre.

De Lévis a dit : « Commencez avec réflexion, suivez avec activité et persévérez... »

2° Si vous n'avez pas une confiance absolue dans vos forces musculaires ou vos capacités intellectuelles; si vous craignez de ne pas mener à bien le travail que vous avez l'intention d'accomplir, mieux vaut ne pas le commencer.

« Rien ne me paraît plus important que de discerner les choses auxquelles nous pouvons nous appliquer avec succès de celles où ne pouvons qu'échouer (Condillac). »

3° Commencez votre travail par le commencement.

4° Chaque fois que vous vous mettez au travail, pensez exclusivement à la chose que vous faites, n'ayez que cette seule idée dans l'esprit, qu'elle soit votre unique préoccupation.

5° Toutes les parties de votre travail doivent être pour vous aussi intéressantes les unes que les autres et vous devez apporter le même soin aux unes comme aux autres.

6° Aucune tâche n'est inférieure, l'ouvrage le plus humble exige une part d'attention qui ne doit jamais lui être refusée.

Le travail du lendemain doit bénéficier de l'expérience acquise dans celui de la veille.

« Aujourd'hui est l'élève d'hier (Legouvé). »

7° Il faut aimer son travail, le faire sans maussaderie ni colère. Si vous n'êtes pas bien disposé et que vous le puissiez, retardez-en l'exécution, attendez que le calme revienne, que les nerfs se détendent, pour le reprendre et le terminer.

8° Limitez votre travail. Quand la fatigue se fait sentir, arrêtez-vous.

Il est difficile de déterminer exactement la durée du travail; cela dépend de sa nature et de la force de celui qui s'y adonne.

Dans la généralité des cas, 10 heures de travail paraissent être un maximum qu'il est bon de ne pas dépasser sous peine de n'y plus apporter suffisamment d'attention et de vigueur.

« Celui qui travaille jour et nuit ne fait

plus sa tâche qu'en dormant **et s'en acquit-
te** tout de travers (De Jussieu). »

9° Apprenez à vous reposer.

Une heure de repos après quatre heures de
travail ne vaut pas un quart d'heure de repos après chaque heure de travail. L'effort
d'une heure se répare plus complètement en
quinze minutes que l'effort de quatre heures
en soixante.

10° Un travail bref mais précipité est
beaucoup plus fatigant qu'un long travail
exécuté sans hâte.

Ménagez donc vos forces et prenez tout le
temps voulu pour faire chaque partie de votre travail dans l'ordre exigé par la nature.

11° Assignez-vous une tâche quotidienne
et employez toute votre activité à la remplir exactement, tracez votre sillon avec ré-
gularité, soyez l'esclave du devoir que vous
vous êtes imposé.

Dans ces conditions, vous êtes forcé de
réussir, à moins que vous n'en soyez em-
pêché par les contrariétés du sort.

Un jeune homme qui n'observe point des
règles de travail, qui ne suit pas une méthode, risque d'échouer en route.

Il doit faire sa vie entre vingt-cinq **et** quarante ans. Après, il est trop tard. Il ne faut donc pas compromettre l'avenir par négligence ou par paresse; chaque jour suffit à sa tâche, mais encore est-il **nécessaire** qu'on la fournisse régulièrement.

Allons, jeune homme, ne désespère pas. Tu n'as rien à perdre et tout à gagner, et le danger ne doit pas te faire peur, pas plus que le travail.

Mets à profit les conseils que de plus expérimentés que toi te donnent et use des petits métiers, ceux qui te conviendront le mieux, dont je t'indique au tournant de cette page les avantages salutaires.

Ils te procureront le pain quotidien et t'empêcheront de la sorte de périr de faim, au coin d'une rue.

LES PETITS MÉTIERS

Ceux qui permettent de vivre honnêtement au jour le jour

Paris est ville de ressource, car elle offre aux vagabonds, aux malheureux, aux sans-ouvrage et aux abandonnés mille moyens de subsister.

Je ne veux point énumérer ici les multiples et pittoresques professions que cultivent de pauvres hères désabusés. On ne peut pas toujours accepter de devenir *Homme-sandwich* ou *portefaix aux Halles*, *mégottier*, (ramasseurs de mégots ou *égouttier*.

Il y a des répugnances qu'il faut comprendre et des hésitations qu'on doit pardonner.

Mais ce qu'il faut, avant tout, ne pas devenir, c'est un mendiant.

Et tout d'abord, aux termes de la loi, la mendicité est interdite. Les articles 274 et suivants du Code pénal la punissent.

« L'Etat a le droit d'intervenir pour assurer la sécurité de l'ouvrier dans l'atelier ou
dans l'usine, dit M. Louis Paulian, il a le
droit d'intervenir pour protéger la femme et
l'enfant; il a le devoir d'encourager et au
besoin de provoquer la création d'œuvres
d'assistance mutuelle, de prévoyance et d'é-
pargne, mais sans oublier, qu'en pareille
matière, l'initiative individuelle peut seule
assurer le succès final, parce que, seule,
elle est capable d'apporter son cœur et son
âme dans les œuvres qu'elle enfante. »

Dans ces dernières années, les bureaux de
bienfaisance, les sociétés de secours mu-
tuels, les sociétés coopératives de production
et de consommation, les caisses de retraite,
les tontines, les fourmis, en un mot toutes
les associations ayant pour but de venir en
aide aux faibles et aux petits, ont pris un
essor des plus heureux et des plus encoura-
geants. Mais, quoi qu'on fasse, il y aura
toujours un déchet humain; il y aura toujours des indigents, des malheureux qui, par
suite d'un manque d'énergie ou de prévoyance, d'une infirmité, d'un chômage ou même

d'une faute ou d'un vice invétéré, se trouveront, à un moment donné, sans travail, sans pain et sans asile.

Pour tous ces malheureux, l'appel à la charité est un droit naturel. Venir en aide à tous ceux qui souffrent, est une obligation sociale, car la charité n'est pas seulement une vertu chrétienne, c'est encore un devoir civique.

« L'Etat, a écrit Montesquieu, doit à tous les citoyens une subsistance assurée », et la *Déclaration des Droits de l'Homme* dit : « Les secours publics sont une dette sacrée, la Société doit la subsistance aux citoyens malheureux, soit en leur procurant du travail, soit en assurant les moyens d'exister à ceux qui sont hors d'état de travailler. »

Mais un autre disait, et cet autre est La Rochefoucauld-Liancourt :

« Jusqu'ici l'assistance n'a été regardée que comme un bienfait, elle est un devoir, mais ce devoir ne peut être rempli que lorsque les secours accordés par la Société sont dirigés vers l'utilité générale. Si celui qui existe a le droit de dire à la Société : fais-moi vivre, la Société a également le droit de lui dire : donne-moi ton travail ».

Ceux qui peuvent travailler doivent gagner leur pain à la sueur de leur front.

Ce pain sera en proportion de leur effort. ou de leur intelligence.

Quant aux incapables, la société a le devoir d'assurer leur subsistance; mais personne n'a le droit, pouvant gagner sa vie par le travail, de prétendre se faire nourrir par son semblable. Le droit de manger a pour cocorollaire « le devoir de travailler. »

Or, le mendiant, suivant la définition de M. Paulian, est : celui qui a juré de ne jamais travailler.

Une anecdote peut suffire à le prouver :

Au siècle dernier, M. de Marivaux était en carrosse, attendant quelqu'un, lorsqu'un homme de dix-huit à vingt ans, gras et potelé, le teint le plus frais et le plus vermeil, vient à la portière demander l'aumône. M. de Marivaux frappé du contraste de l'action et de la figure du jeune homme, se pencha vers lui et lui dit :

« N'as-tu pas honte, misérable, jeune comme tu es et te portant le mieux du monde, d'avoir la bassesse de mendier ton pain que tu pourrais gagner par un honnête travail ? »

Le jeune homme, consterné de ce propos, lui répondit en se grattant l'oreille et moitié sanglottant : « Ah ! monsieur; si vous saviez, je suis si paresseux. » M. de Marivaux tira six livres de sa poche et les lui donna. La paresse était un défaut qu'il pardonnait et la franchise du mendiant méritait une récompense.

Or, tous les mendiants sont paresseux et ne l'avouent pas.

Je n'ai pas cité cette anecdote pour encourager les malheureux sans énergie, mais pour bien montrer le caractère de ces hommes qui par leur veulerie, restent inactifs et sont inutiles, et méritent de notre part plus de mépris que de pitié.

Pour agrémenter ce petit volume, on me permettra la fantaisie de citer au hasard des pages quelques chansons des métiers qui représentent, sous une forme naïve et curieuse, le caractère et le tempérament de ces diverses « corporations ».

Voici celle du mendiant :

Le Bon Gîte

On me repousse partout
Du pied comme un chien,
On ferme toutes les portes
Où je frappe accablé.

Nulle porte hospitalière,
Partout le même accueil,
Mais je connais une maison
Dont je pourrai franchir le seuil.

A sa porte je frapperai,
C'est la porte du tombeau,
Et l'on m'ouvrira vite,
Et j'y trouv'rai enfin le repos

(Rapportée par M. Alfred Delsau.)

Ouvreur de portières

Etre ouvreur de portières ou « bagottier »
n'est point une position sociale. Et si on de-
vait exercer ce métier constamment et pour
exercer la mendicité d'une manière dégui-
sée, je ne parlerai pas de lui dans cet humble manuel du « parfait débrouillard ».

Mais on peut bagotter ainsi les premiers jours de misère, pour avoir le temps de se ressaisir et de récolter quelques sous.

Pour cacher ou atténuer cette façon de demander l'aumône, on pourrait s'adjoindre quelques cartes postales qu'on vendra ou qu'on essaiera de vendre à ces clients supposés. On ira d'abord se poster aux endroits de Paris où les voitures apportent le plus de monde.

Les gares sont tout indiquées.

La gare St-Lazare principalement, puis la gare d'Orsay, la gare du Nord, la gare de Lyon, et ainsi de suite.

La gare du Nord et de Lyon sont celles qui amènent ou embarquent le plus d'étrangers qui, eux, sont parfois plus généreux que les Parisiens et moins pressés d'allures.

Discrètement et dignement, l'œil franc, le geste ferme, vous ouvrez, au moment précis où l'on monte, ou quand on descend, la portière du fiacre ou de l'auto.

Vous vous effacez poliment et ne tendez pas la main.

Si beaucoup ne vous donnent rien, un certain nombre jettera 10 centimes dans votre main avancée vivement.

Vous refermez alors la portière et vous saluez en remerciant.

Ne maugréez pas contre ceux qui auront repoussé ou dédaigné le « service rendu », ils pourraient se raviser au moment même où vous les maudissez.

Des voitures, vous en trouverez aux abords des théâtres, des music-hall's, des salles de musique, de tous les établissements de plaisir; vous en trouverez devant les restaurants à la mode (Champs-Elysées, rue Royale, les Boulevards, la Madeleine, au Bois de Boulogne).

Vous en trouverez devant les grands hôtels : rue de Rivoli, place Vendôme, avenue de l'Opéra, etc.

Vers cinq heures, devant les maisons de thé : le Ritz, Rumpelmayer, Palace-Hôtel, les Fleurs, Thé de Ceylan.

Entre 4 et 7 heures, devant chez les grands couturiers et les modistes renommées : rue de la Paix, place Vendôme, rue Royale, avenue de l'Opéra, les Boulevards, rue de Rivoli, rue Auber, etc...

Aux courses, enfin.

Car les courses constituent l'un des plus grands plaisirs parisiens, une des plus grandes attractions du printemps, de l'été **et de** l'automne et sont très populaires et **très suivies.**

Voici quels sont les Hippodromes :

Hippodrome de Longchamp.

Hippodrome de Chantilly.

Hippodrome de Vincennes.

Hippodrome de Neuilly-Levallois.

Hippodrome de Colombes.

Hippodrome de Maisons-Laffitte.

Hippodrome d'Enghien.

Hippodrome de Saint-Ouen.

Hippodrome d'Auteuil.

Là, l'ouvreur de portières pourra réaliser d'intéressants petits bénéfices, mais il devra écarter de lui la tentation de trafiquer aux courses.

Il ne faudra pas qu'il écoute les conseils fallacieux de ceux qui ont gagné cent sous à force de perdre 10 francs.

Il doit, d'ailleurs, éviter le jeu, quel qu'il soit, car il n'a jamais été prouvé qu'on ait assuré sa vie en jouant honnêtement.

Et comme le jeu n'est pas recommandable... l'ouvreur de portières pourra escompter la chance d'être grassement récompensé de son obligeance par d'heureux gagnants.

Comme ils auront empoché un argent vite raflé, ils ne regarderont pas à donner vingt ou quarante sous au pauvre diable qui leur fera les honneurs du taxi ou de leur limousine.

Et si les cartes d'actualité se vendent, tout ira pour le mieux.

Mais l'ouvreur de portières doit changer vite sa liberté contre une servitude qui le rémunérera davantage, car ce métier nourrit tout juste son homme, et comme la vie devient de jour en jour plus exigeante, il est urgent de se débrouiller rapidement, en montant plus haut l'échelle de ces métiers qui ne doivent servir que passagèrement.

Le Guide pour Etrangers

Le guide pour Etrangers et provinciaux, à la recherche des curiosités de Paris, n'est au fond qu'un vrai camelot.

Il a toujours avec lui quelques douzaines de cartes postales (vues de Paris) qu'il a achetées à bon compte et qu'il vend assez facilement du reste.

Aux abords des gares, ils s'offrent à vous

conduire aux endroits qu'il vous serait agréable de visiter et vous pouvez être certains que si vous prenez rendez-vous avec eux, ils seront exacts, et prêts à vous satisfaire en tous points, dans l'espoir d'un bon pourboire.

Leur principal champ d'exercice est la place du Carrousel.

Ils savent que les Etrangers viennent en foule au Musée du Louvre, et ils les assaillent de leurs offres de service dès qu'ils voient Anglais, Américains, Allemands, Espagnols... s'arrêter devant la statue de Gambetta.

Le Musée du Louvre est ouvert de 10 heures à 4 heures en hiver et de 9 heures à 5 heures en été. Après ces heures-là, vous ne les voyez plus aux limites des Tuileries.

Ils sont redevenus les camelots du Boulevard.

Les guides peuvent pénétrer au Louvre et au Musée de Versailles seulement.

Vous ne les verrez pas au Carnavalet, à Cluny, au Trocadéro, au Luxembourg.

Ils se font de très bonnes journées, car, outre la pièce qu'on leur donne, ils écoulent rapidement leur marchandise.

Pour être et devenir un bon guide, **un habile cicerone**, il faut être intrigant et **avoir** ce qu'on appelle du « bagout ».

Ils récitent très bien la leçon apprise, malgré qu'ils se trompent souvent grossièrement en confondant les dates historiques et en attribuant à tel sculpteur une statue qu'il ne fît jamais, ou en conférant à un écrivain la gloire d'avoir bâti un monument ou tracé un jardin.

Mais, si l'on possède une suffisante instruction, on n'a pas à craindre de commettre de si terribles erreurs.

Le guide est une sorte d'interprète et le métier n'a rien de déshonorant, surtout s'il est exercé intelligemment.

Et celui-là, comme beaucoup d'autres, conduit à bien des choses et permet d'acquérir un aplomb nécessaire à tout arriviste.

Le Camelot

Autrefois, les camelots du temps de Louis XIV, chanteurs des rues barrées, débitaient d'une voix gouailleuse, ou les pronostics de l'année, ou la « scie » du jour, ou le testament à la blague du personnage marquant qui vient de disparaître...

Ça n'a pas changé.

Voici, à titre de curiosité, une chanson du « Camelot ancien » qui date de 1635.

Pronostics véritables pour cette année ou pour une autre

Mis en musique par un Chanteur du Pont-Neuf, et diligemment calculés par un Astrologue de la Samaritaine

AIR : *Je suis l'honneur des beaux esprits*

Messieurs, je n'ay rien que de beau,
Je vends des choses non pareilles,
Almanach, almanach nouveau,
Qui prédit de grandes merveilles,

Pour l'an mil six cent trente cinq
Il nous pronostique sans doute
Que le mal ne sera plus sain.
Les aveugles n'y verront goutte.

Nous aurons moins de vin que d'eau.
Souvent les nuits seront obscures.
S'il pleut, il ne fera pas beau.
S'il gèle, il fera grand'froidure.

L'almanach dit qu'en plusieurs lieux
Les pauvres ne seront pas riches
Et que les avaricieux
Seront ingrats, vilains et chiches.

... Malicieux et blagueurs, tels étaient les camelots de jadis, tels ils sont encore aujourd'hui. Leur blague est faubourienne, et ils ne sont pas des Parisiens, mais des Parigots, des Parigots à l'accent traînard, à la verve primesautière, à l'audace redoutable. Ce sont les vrais philosophes de la vie, indépendants, joyeux et j'm'en fichistes au dernier degré.

Ils ont « le sourire ».

On les voit plus particulièrement sur les Boulevards, faisant l'article avec frénésie à des badauds ahuris qui font cercle autour d'eux.

Ils parlent, ils parlent vite, regardant de côté si les agents ne viennent pas les chasser, ou les emmener au poste, et disperser le rassemblement.

Ils vendent des cartes postales, toujours ! des journaux amusants, des livres en solde, des indicateurs des vues de Paris, des plans d'Exposition, des jouets mécaniques, des brochures pornographiques.

Et on achète tout cela.

Ils paradent devant les cafés et accostent les passants au coin des rues.

Ils font des tours de prestidigitation qui épatent le « populo ».

Ils vendent des cirages merveilleux, des poudres miraculeuses, des éventails à ressorts et des cannes de jonc.

S'ils débitent si facilement leur boniment, c'est qu'ils l'ont appris par cœur depuis longtemps. Il existe des écoles de camelots où on leur enseigne tous les trucs du métier et son langage pittoresque.

Mais le jeune homme qui, en désespoir de cause, voudra tâter de cette profession essentiellement « libérale », ne devra pas prendre exemple sur ces dangereux charlatans.

Il y a les bons et les mauvais camelots.

Les Bons : ceux qui sont vaillants et honnêtes, et qui profitent de cette « façon de gagner sa vie ».

Sans distribuer des prospectus ou en distribuant, on peut être « bonisseur » d'un magasin ou d'un petit théâtre, tels que cinématographes, concerts de quartier, etc...

Vendre quelque chose est cependant préférable.

Et outre le bénéfice qu'on retire à écouler sa marchandise de fantaisie, on apprend à devenir commerçant, ce qui n'est pas à dédaigner. Les petites ventes font les grandes affaires.

MAXIMES DU BON VENDEUR

Soyez aimable avec le client dès que celui-ci arrive : il n'y a pas de meilleur moment.

Montrez-vous toujours très poli, mais poli avec sincérité et sans affectation ; la politesse est un gros atout dans votre jeu.

Le sourire est souvent vainqueur. Montrez que votre travail vous plaît, et souriez.

Dites la vérité; rien n'est aussi fort.

Consacrez toute votre attention à gagner celle du client : il y a droit.

Une vente n'est parfaite que si le client est satisfait une fois qu'il vous a quitté.

En observant ces préceptes, un camelot intelligent et honnête peut devenir, à force d'économie et de persévérance, un bon commerçant.

Ceux-là qui vont, dans les rues, vantant la qualité d'un tissu bon marché ou d'un bibelot inutile, ne sont souvent pas les moins

ambitieux, et combien parmi eux sont devenus par la suite, d'honorables rentiers.

Ambitieux, il faut l'être envers et contre
tous.

« Il ne faut pas avoir peur des mots ni
des morales surannées, ni des imbéciles ou
des sceptiques; il faut carrément accepter
ce titre d'ambitieux et ne pas avoir honte de
se dire tel. »

Tout le bonheur s'acquiert par l'argent,
pourquoi n'avouerions-nous pas que nous
voulons gagner de l'argent ?

Pour en gagner, il faut être ambitieux.

Si vos actions ne sont pas mues par ce
ressort essentiel, vous n'en gagnerez pas
suffisamment pour assurer votre indépendance.

Cette passion est aussi nécessaire à votre
fortune que la digestion à votre vie.

Bien entendu, il ne suffit pas de vouloir
être ambitieux : il faut savoir l'être et pro-
portionner son ambition à ses aptitudes et
à ses moyens.

Toutes les professions, quelles qu'elles
soient, sont susceptibles d'inspirer de l'ambition à ceux qui les exercent.

Le mieux est toujours possible et se réalise quand on le veut avec ténacité.

Dans le plus humble des travaux, on doit toujours chercher à la réalisation de ce mieux et viser à sa perfection.

L'ambition ne va pas sans l'effort.

« Soyez ambitieux, vous rapprocherez les distances, vous aplanirez les obstacles, vous arriverez à la maîtrise, parce que l'ambition vous oblige à acquérir la supériorité dans votre profession, à discerner les bonnes méthodes des mauvaises, à faire mieux que vos confrères, à monter d'un grade dans la hiérarchie où vous vivez. »

Ainsi, le camelot travailleur, sachant acheter et vendre, est apte à réaliser plus tard une petite fortune, s'il sait bien diriger la maison qu'il aura fondée ou l'industrie qu'il aura créée. Et ce sera sans nulle amertume qu'il se rappellera ses modestes débuts qui lui auront fourni le moyen d'observer la vie et les hommes, et de s'instruire dans la pratique des affaires.

Ce qui prouve que cette petite profession a son charme et ses avantages...

Le Vendeur de journaux

Près de la rue du Croissant, dans les cafés borgnes, des camelots attendent les premiers numéros des journaux du matin qu'on va mettre sous presse. De même, vers deux heures de l'après-midi ou vers six heures, on les voit, en groupe compact, toujours rue du Croissant et dans la rue Montmartre à l'affût des éditions du soir, car ce sont les journaux du soir qui font surtout vivre ce petit monde de crieurs et de marchands de feuilles à un sou.

La *Patrie* (à 3 heures), la *Presse*, la *Liberté*, l'*Intransigeant* sont les principaux quotidiens qui servent de gagne-pain à ces malheureux.

Le *Paris-Sport* a également de nombreux adeptes.

Il y a des éditions de ce journal que l'on achète, suivant les heures, 4 et 6 francs le cent.

Le « Résultat complet des courses » rapporte bien à celui qui sait l'écouler dès le retour des Hippodromes.

Outre ces feuilles, il y en a d'autres :

comme la *Bataille*, la *Guerre sociale*, le *Voltaire*, le *National*, parfois l'*Autorité* qui sont de plus petite vente.

Le *Matin* même, à l'occasion des événements qu'il crée, fournit des éditions spéciales qu'on achète énormément.

Le Circuit de l'Est, organisé par lui, nous l'a suffisamment prouvé.

Qu'une catastrophe se produise dans le monde ou dans Paris, qu'un homme célèbre disparaisse, qu'un attentat soit commis, qu'un crime horrible se découvre, qu'un procès fameux se plaide, qu'un pari s'engage ou qu'un ministère soit renversé, immédiatement, des camelots surgissent à tous les coins de rues, clamant les dernières dépêches, le plus souvent à trois ou quatre, conduits par un chef-camelot qui fait partage de la recette.

Le plus communément, ceux qui veulent vendre pour leur compte, versent à l'administration spéciale des feuilles du soir la somme de **3 fr. 75** pour un cent de journaux.

Les uns adoptent un poste fixe, d'autres courent les boulevards et les rues, distribuant *Presse*, *Intransigeant*, *Liberté*, etc., aux passants qui les arrêtent ou les appellent.

Il ne faudra donc pas faire un quartier déjà visité par un confrère.

Ce serait maladroit que de suivre les chemins battus.

Une voix puissante, sonore ou aiguë est nécessaire dans la circonstance.

Savoir se faire entendre et se faire voir sont les premiers atouts du vendeur de journaux.

Remercier l'acheteur sera diplomate. Sait-on si ce client d'un soir ne sera pas le client de tous les jours ?

Les journaux invendus sont repris et remboursés. On peut donc, sans hésitation, faire emplette d'un assez grand nombre d'exemplaires...

A minuit, on vend encore la *Presse*.

Ce métier n'est point des plus rémunérateurs, il est vrai, mais, au pis aller, on n'a pas à craindre de l'essayer.

Autrement intéressant et plus agréable est celui de messager pour la maison Hachette.

Levé à quatre heures du matin, on va aux Messageries Hachette, rue Réaumur, 111, solliciter l'emploi de porteur des journaux du matin. On vous donne une liste de clients chez qui vous déposerez ces journaux... le *Journal*, pour l'un ; l'*Echo de Paris*, pour l'autre, le *Figaro*, l'*Eclair*, l'*Humanité*, *Comœdia*, etc.

Une fois votre tournée finie, vous avez gagné *2 francs* si vous l'avez faite à pied, et *3 francs* si vous la faites à bicyclette.

Puis, comme il est de bonne heure, vous pouvez vous livrer à un autre exercice dont le gain viendra grossir le bénéfice du matin...

Le Porteur de dépêches

Petit métier plus intéressant qui permet, outre le prix de vos courses, de récolter par-ci, par-là, de bons pourboires.

Le porteur de dépêches est celui qui, prenant les notes des journalistes sténographiant les discours et incidents qui ont lieu à la Chambre des Députés ou au Sénat, les apportent aux agences journalistiques : Information, Presse nouvelle, Agence Fournier, et principalement à l'Havas.

Ils font de même pour tous les journaux qui attendent les dernières nouvelles du jour et que le téléphone ne donne pas parfois.

Egalement, s'il apprend ou voit un accident, un incendie, un crime, un événement sensationnel et qu'il en fasse part le premier à un journal, celui-ci fait contrôler les dires de ce messager et le rétribue de suite.

Une pièce de cent sous est vite gagnée de la sorte.

Un jeune homme intelligent et débrouillard, diligent et malin, peut arriver à placer des « échos » dans des feuilles littéraires et politiques, échos qui lui seront payés, comme un article, 5 centimes la ligne.

S'il sait se présenter et le présenter il a encore ici une ressource de produire quelque chose plus agréable pour lui.

Et l' « échotier » est le début du journaliste et du reporter.

On commence par une « nouvelle à la main », on finit par une chronique en première page.

Ceci démontre que le plus infime métier peut conduire son homme à des résultats appréciables.

Le Figurant de théâtre

Le théâtre, école de joie et de souffrance, est un grand refuge aux malheureux.

S'il amuse les foules ou les fait frissonner, s'il les instruit et les exalte, il ne leur révèle pas les grandes misères qu'il dissimule derrière ses portants, dans les coulisses poussiéreuses.

Outre la troupe régulière des « jeunes premiers » et des grands comiques, des ingénues et des duègnes, des ténors fameux et des chanteuses en vogue, il y a les cotoyants, la multitude des figurants habillés à la hâte d'oripeaux fripés, venus là pour gagner leur pain du lendemain, en aidant de leur mieux au succès de l'opéra ou de la pièce.

Triste troupeau de gens de bonne volonté qui répètent, presque toujours, sans les comprendre, les phrases fleuries des dramaturges et les vers mélodieux des poètes.

Que sont-ils, ces figurants ?

Des déclassés, des parias, des travailleurs sans travail.

Ils sont venus solliciter, à la régie du théâtre, un emploi de choriste (s'ils chantent) ou de personnage muet, pour apporter chez eux les quarante sous qui manquent pour la femme et les gosses.

Ce qu'ils gagnent pour un rôle facile : deux francs, quatre francs, six francs même...

Tout dépend de l'importance de leur rôle, de ce qu'ils disent, de ce qu'ils font...

Celui qui possède une belle voix et même une voix suffisante, s'il veut profiter des leçons qu'on lui donne et obéir aux conseils des « anciens », plus expérimentés, peut parfaitement devenir un chanteur passable.

De dernier choriste, il monte en grade.

Il devient premier choriste.

S'il plaît, si on le remarque, si on le pousse, il n'a plus qu'à se « distinguer ».

Il sera sauvé.

On peut l'engager régulièrement et le mettre en état de « faire son chemin ».

— « Vous prétendez jouer les comiques ? avait dit Allaux à Bouffé.

— Oui, Monsieur.

— Voyons.

Il le soumit à la mesure.

— J'en étais sûr, fit-il, c'est impossible.

Bouffé, malgré ce jugement, n'en fit pas moins une belle carrière.

Il débuta au Panorama-Dramatique, aux appointements de trois cents francs... par an.

« L'important, a dit Bouffé, c'est que j'avais le pied dans l'étrier : il n'était pas doré, ni même argenté, mais il pouvait le devenir : il s'agissait de ne pas rester la jambe en l'air, d'enfourcher le cheval et de prendre le galop pour atteindre le but » (1).

Donc, si l'on se découvre un tempérament d'acteur, on aurait tort de ne pas l'employer pour le bien de la cause.

On essuiera bien des déboires, bien des découragements avant de pleinement réussir : mais quel est le métier qui n'en comporte pas ?

Il faut, dès l'âge d'homme, savoir se plier à toutes les exigences de la vie, la victoire n'en est que plus chère.

Que de ténors célèbres ont commencé choristes !

Que de grands comédiens ne furent que de simples, mêmes de pauvres figurants !

Les exemples abondent.

____

(1) *La Féérie*, Paul Ginisty.

Sans honte, allez frapper... un soir... dans un de ces grands théâtres de luxe... Opéra... Opéra-Comique... Le Châtelet (dont la figuration est très importante), à la Gaîté, à tous les théâtres sérieux... du Boulevard... aux Music-Hall's même... et demandez la place d'un personnage de foule...

De la toile de fond vous arriverez bientôt au premier plan, et vous n'aurez pas à regretter vos modestes et pénibles débuts.

Le théâtre est un excitant à l'ambition.

Et si le théâtre ne vous accepte pas, vous avez toujours le cinématographe.

L'Acteur du Cinéma

Le cinématographe est une institution à la fois instructive et amusante.

Il fait voir, en effet, la réalité des choses et le réalisme des situations.

Invention très ingénieuse, qui plaît aux grands et aux petits, les divertit, les attire, les étonne et leur est utile.

Aujourd'hui, le cinéma est devenu un véritable théâtre d'art, et il a ses fidèles tout comme les Variétés, les Concerts Colonne et le Trianon.

Les principaux cinémas sont ceux de Pathé, Gaumont, Lux, etc...

Ils ont leur troupe d'acteurs, de figurants, ainsi que les grandes scènes.

A Vincennes, dans les environs de Paris, en des lieux vastes et solitaires, ils établissent leur champ d'études.

C'est là que se bâtissent les palais, les montagnes de glace, les forêts; c'est là que se jouent les accidents : incendies, noyades, déraillements, guerres, grèves; c'est là que des hommes, des femmes, des enfants, devenus comédiens pour un jour, imitent tous les genres, font tous les rôles, reproduisent la vie dans ses réelles transformations.

On danse, on rit, on se poursuit, on se bat, on culbute, on se tue, tandis qu'un photographe déroule ses « films » enregistreurs de ces scènes mimées.

Il n'en est pas moins certain, cependant, qu'il y a, dans le nombre, des scènes qui sont prises « sur le vif » et dans les pays les plus lointains.

Tout le monde peut figurer au cinéma.

Il suffit de se faire inscrire.

On vous paie raisonnablement le temps que vous avez consacré à « jouer » pour l'exploitation.

L'avantage qu'on retire à pratiquer ce métier, qui n'est pas plus bête qu'un autre, est de faire un apprentissage profitable pour devenir acteur.

On étudie « l'art d'être vrai », et copier la vie et les hommes est la formule du drame et de la comédie.

On conçoit donc facilement combien il n'est pas inutile d'adopter l'un ou l'autre, même l'un et l'autre, de ces petites professions curieuses, puisque chacune d'elles, à peu près, vous offre la chance d'aboutir à autre chose.

Il faut, par exemple, savoir observer les êtres et les choses, ce qui s'agite autour de vous, et utiliser ces observations.

Il faut aussi savoir écouter, savoir imiter et se souvenir.

Il faut, en un mot, de l'œil et de l'oreille.

Le cinéma prospère de plus en plus, et, à ce titre, il devient plus exigeant.

Il veut des interprètes, des collaborateurs avertis, consciencieux, habiles.

Il veut des artistes.

Il faut s'essayer à le devenir, et l'on n'y perdra rien, au contraire.

On aura ajouté, à son arc, une corde de plus, ce qui, à notre époque de concurrence, d'ambition et de progrès, est précieux.

Le Photographe ambulant

Si vous avez pu réussir à mettre quelque argent de côté et que vous vouliez tâter d'un métier qui, vous laissant votre liberté, vous procure des agréments et des bénéfices, je pourrais vous donner l'idée de faire de la photographie, en *courtier*.

Tout d'abord, au cas où vous n'auriez aucune notion sur l'art photographique, voici quelques conseils qui vous seront d'une grande utilité.

Pour photographier, il faut un appareil et des plaques sensibles.

L'Appareil. — A priori, tous les appareils sont bons, il faut savoir s'en servir.

Malgré cela, la qualité de l'objectif importe beaucoup, surtout pour la photographie en plein air.

Je n'indiquerai pas de marque d'objectif, la qualité *en est dépendante du prix.*

Cependant, vous aurez de très bons objectifs dans les instruments qui, d'un prix peu élevé, sont en somme très simples comme construction, si bien que vous payez surtout l'objectif. Ne prenez pas comme format pour opérer en plein air et instantané un appareil plus grand que 13 × 18.

Les formats au-dessus sont d'un poids et d'un volume tels que vous ne pouvez les tenir sans trembler, si bien que tous vos clichés sont défectueux.

Il faut alors, pour les formats au-dessus, avoir bien soin de toujours les placer sur un pied que vous choisirez avec soin, léger et très rigide.

Malgré la difficulté du développement de ses pellicules, je recommande beaucoup, pour l'instantané et pour les personnes qui ignorent la photographie, de partir avec un appareil appelé le *Kodak.*

Vous êtes toujours sûr de revenir avec quelques résultats.

Quand vous achetez un appareil, faites-vous quand même expliquer soigneusement le mécanisme.

Pour avoir un bon instantané, ne vous mettez jamais en face du soleil, ne lui tournez jamais non plus complètement le dos.

Diaphragmez d'après l'heure et la saison.

Recouvrez toujours quand vous opérez, votre appareil et vos châssis du voile noir.

Evitez, dans le chargement, le déchargement, l'ouverture des châssis et de la boîte, qu'aucun point lumineux ne frappe vos plaques.

Si votre cliché tourne *rapidement au noir,* arrêtez le développement, mettez dans votre bain du retardateur, replacez la plaque et continuez l'opération lentement.

Une fois votre cliché développé, laissez sécher, après l'avoir très soigneusement lavé, deux heures au moins.

Mettez-le dans le châssis-presse, couvrez-le, du côté de la gélatine, d'un morceau de papier sensible et exposez au soleil.

Arrêtez l'exposition quand, en regardant le verre du châssis, vous arrivez à ne plus distinguer que difficilement les *détails de l'image* photographique dans le cliché.

Après le tirage, vient l'opération du virage-fixage.

Remuez l'épreuve constamment dans le bain.

Il faut, autant que possible que les opérations de la photographie se fassent dans un cabinet noir, à la clarté rouge foncé d'une lampe de laboratoire.

Avant de devenir photographe de profession, on commence par être photographe amateur. En travaillant, on se perfectionne et on obtient des résultats tels qu'on peut affronter une clientèle.

Muni d'un appareil à support, on va solliciter les particuliers et les commerçants en vue de faire leur photographie d'abord.

S'ils en possèdent une récente, on peut leur proposer leur agrandissement.

Développer une photographie pour en faire un portrait-tableau qu'on *retouche* soi-même ou qu'on fait *retoucher* n'est point très difficile.

Avec de la pratique, on arrive à faire d'excellent travail.

Le cadre qu'on fera choisir, d'après échantillons de tous prix, paiera, remboursera amplement les petits débours anticipés que vous aurez pu faire.

Il suffit de s'entendre avec un encadreur

actif et consciencieux qui s'occupera **de** vos commandes au fur et à mesure **qu'**elles viendront.

Inspirer confiance à vos clients, **tout est** là.

Quel est le petit bourgeois, l'ouvrier aisé, qui ne désirent posséder dans leur chambre ou leur salon leur portrait ou ceux des leurs!

Vous apprendrez ainsi le métier de courtier qui rapporte à celui qui sait faire valoir **son** ouvrage et sa marchandise.

Vous pouvez frapper aux portes des écoles, des lycées, des usines, des ateliers, des bureaux et proposer aux directeurs et directrices, aux patrons, de faire une demi-douzaine ou douzaine de cartes-album pour les élèves, ouvriers, employés.

Beaucoup, parmi un personnel nombreux, seront heureux de payer 6 photographies à raison de 1 ou 2 francs.

Un jeune photographe ne peut pás mourir de faim, lorsqu'ayant en bandoulière un appareil et une boîte de plaques, il va chercher fortune, sans avoir peur de faire ses offres de service.

J'en connais beaucoup qui sont à présent à l'abri du besoin et qui ont commencé avec à peine le matériel nécessaire.

En tous cas, c'est un métier de plus qu'on a appris, et ce n'est pas à dédaigner.

Donc, soyez photographe, quans vous le pourrez.

Vous vous distrairez sans perdre de temps...

L'Auxiliaire

On trouve assez facilement des d'auxiliaires dans les maisons de c... ce et les ateliers, surtout dans les mois d'hiver, époque où le travail bat son plein et augmente.

La librairie, par exemple, a besoin d'aides vers les mois de décembre et janvier.

On gagne alors de bonnes journées, payées à l'heure, ou à la semaine.

Si l'on a la chance d'être choisi comme *coureur,* on se met au courant d'un métier point trop désagréable.

On va chez les libraires, chez les éditeurs, dans les journaux, chercher les livres désignés sur des notes de commission, et en s'instruisant sur la bibliographie, on monte déjà le premier échelon d'une profession intéressante et lucrative.

Des auxiliaires, on en demande partout, dans toutes les branches de l'industrie et du commerce.

Savez-vous qu'il y en a qui se font embaucher sur les chantiers, aides-maçons, gâcheurs de mortier, etc., ce qu'on appelle les « pelletiers », qui sont payés, pour ces rudes travaux, très grassement.

Mais tout le monde ne peut pas faire un si pénible métier.

Il faut être vigoureux à l'extrême, d'une constitution robuste et pouvant supporter indifféremment tous les temps : la chaleur et le froid.

Dans ces genres de métier, celui de « *portefaix des Halles* » est à considérer.

Les Halles, qu'on dénomme le **Ventre de Paris**, offrent un tableau unique au monde par les entassements gigantesques de victuailles destinées à nourrir Paris un seul jour.

Et on peut le concevoir par la citation que je vais faire de ce réveil des Halles, citation empruntée à un guide des Plaisirs, et dont un court chapitre est consacré aux « Dessous de la Capitale ».

Cette citation peut donner envie d'aller admirer, dès l'aube, ce pittoresque spectacle, en invitant les malheureux et les chercheurs de travail ou de métier à participer au labeur de tumultueux endroit.

LE RÉVEIL DES HALLES

Les Halles s'éveillent dans la joie du travail...

C'est d'abord une débauche de couleurs; c'est la mer des légumes s'étalant en nappes ou se dressant en vagues qui semblent battre les flancs des Halles; c'est une forêt mouvante de hottes, de mannes, c'est l'encombrement des véhicules de toute forme, depuis le chariot bas du boucher, tout rouge de sang jusqu'aux pimpantes charrettes traînées par de petits ânes.

Sur la place Saint-Eustache, couverte d'un

tapis de paille, se tient, jusqu'à huit heures, le marché aux carottes, aux navets et aux poireaux, avec ses vieilles, assises sur des chaises, au bord du trottoir et jusqu'au milieu de la chaussée.

A droite, tout autour du pavillon droit des Halles, le *carreau* (jusqu'à neuf heures) où détonnent les jaunes splendides des potirons et des citrouilles, sur les verts délicats des salades, disposés sur le sol en dessins géométriques.

A *l'intérieur*, coupées en quatre tronçons par la rue *Baltard*, du nord au sud et la rue couverte *Antoine-Carême* de l'est à l'ouest, les Halles comprennent, dans le tronçon de droite, quatre pavillons, dans celui de gauche six.

Dans le tronçon gauche, à l'extrémité de la rue Rambuteau : le PAVILLON DE LA VIANDE, d'un rouge rutilant, avec ses bouchers à la tête emmaillotée de linge sanglant ; ses crocs formidables où pendent des quartiers de bœuf ; ses alignements prodigieux de moutons décapités.

A l'extrémité opposée, à l'angle de la rue Berger, s'ouvre le PAVILLON DE LA VOLAILLE ET DU GIBIER, mort ou vivant, piaillant, battant des ailes ou empilé rapidement par monceaux dans des voiturettes, voire même des fiacres.

En traversant la rue Baltard, le deuxième pavillon en bordure de la rue Berger est celui des BEURRES en gros, avec ses mandataires ventrus.

A côté, dans le PAVILLON DES FROMAGES, toute la gamme de couleurs claires du chester au hollande, toute la gamme des odeurs, depuis la puanteur des bries et des roqueforts, jusqu'aux fins arômes des parmesans.

Le deuxième pavillon en bordure de la rue Rambuteau, celui des POISSONS, avec ses deux viviers circulaires, sa puissante odeur de marée qui vous saisit à la gorge, ses harengères, à la carrure masculine, à la voix rauque est l'un des plus curieux.

Ce sont pêle-mêle les anguilles, les turbots, les thons gigantesques et visqueux, les brochets et les carpes.

Voir sous le Pavillon de la viande les *cabocheurs* apprêtant les têtes de moutons.

Sous celui du beurre, les tables destinées au « maniottage » des beurres, c'est-à-dire au mélange des différentes espèces, opération analogue au coupage des vins.

A côté, les « mireurs d'œufs », inspectant les œufs par transparence à la lueur d'une chandelle (environ 1.500 à l'heure).

Un peu plus loin, sous le Pavillon de la volaille, de grandes tables de pierre, où l'on tue, où l'on plume, où l'on pare la volaille.

. . . .

Cette description renseignera le lecteur sur l'animation qui règne dans ce quartier des Halles toute la matinée.

Le porteur aux Halles qui a, de très bonne heure, gagné sa journée, peut, suivant son gain faire, de son côté, achat de salades, de légumes, de gibier... et revendre cela en remontant.

De la sorte, il fait double bénéfice et ne perd pas son temps.

Il a encore une journée devant lui pour augmenter ce petit casuel.

LES PROFESSIONS BIZARRES

Le Dépiauteur de colonnes de théatres

Comment et quand il travaille.
Vieux spectacles et vieux papiers.

Combien de Parisiens connaissent le
« dépiauteur de colonnes de théâtres ? »

Et pourtant, bien qu'il ne figure point au
Bottin de Paris, et encore moins au *Bottin-Mondain*, c'est un métier des plus parisiens,
encore qu'il ne s'exerce que de nuit.

Sur nos boulevards, de loin en loin, s'érige une colonne cylindrique (colonne Picard)
où s'enroule chaque jour, comme sur une
gigantesque bobine, un immense rouleau de
papier où chaque théâtre a sa petite case
que différencient des teintes propres à chacun d'eux : bistré pour la Comédie-Française, jaune pour l'Odéon, bleu pâle pour
Sarah-Bernhardt, bleu foncé pour Déjazet,
en passant par toutes les nuances de l'arc-en-ciel... mais ça change aussi quelquefois.

Comme chaque jour, sur les affiches de la veille, on colle de nouvelles affiches — le *colleur d'affiches* — (encore un petit métier de désespoir...), pour mince que soit l'épaisseur de chacune de ces couches nécessaires, l'abdomen des colonnes de nos théâtres ne tarderait pas à s'enfler comme le ventre de ce clown du cirque qui endosse une infinité de gilets boutonnés l'un sur l'autre.

Cela finirait par être laid et même par gêner la circulation.

Aussi, est-il nécessaire de dépouiller de temps à autre ce manteau d'Arlequin où, s'ajoutant les unes aux autres, les affiches individuellement fines et minces, finissent par former une véritable carapace de carton épaisse et dure.

C'est ici qu'intervient le « dépiauteur de colonnes de théâtres. »

Ce travailleur si pittoresque se recrute dans la corporation des chiffonniers à qui le concessionnaire des colonnes de théâtres a généreusement abandonné, sous certaines réserves, garantissant la publicité qu'il assure aux établissements de spectacle, le bénéfice très appréciable qu'on peut retirer du papier qui, par couches successives, vient s'enrouler autour des colonnes de nos boulevards.

Spécialiste, le « dépiauteur » a besoin d'un matériel spécial : il emporte avec lui une longue perche, semblable au bâton de l'allumeur de réverbères, mais où le petit lumignon est remplacé par une lame allongée et tranchante.

Le « dépiauteur » arrive devant la colonne couverte d'un épais manteau d'affiches : à l'aide de sa perche, d'un geste rapide et énergique, il pratique une incision profonde qui, du haut en bas, divise en deux parties la carapace de papier de la colonne de bois qu'elle entoure, et, d'un seul coup, il l'enlève comme il dépouillerait la peau d'un lapin, et, dans la nuit, avec sa carcasse de bois, la colonne de théâtres reste nue jusqu'au lendemain matin où une nouvelle bande d'affiches viendra s'encercler autour d'elle.

Cependant, le « dépiauteur » passe à une autre colonne et continue la même opération, emportant bientôt, dans une voiture à bras quelquefois des kilos et des kilos de papier, dont il tirera un bon prix.

Ce métier ne s'exerce que de nuit, car le « dépiauteur » doit attendre la sortie des théâtres, heure à laquelle le spectateur n'a plus besoin de consulter les affiches.

D'autre part, et on y tient rigoureusement la main, le « dépiauteur » ne peut exercer son métier que deux fois par semaine : dans la nuit du mercredi au jeudi et dans la nuit du samedi au dimanche, car, en dehors des cent quarante-quatre colonnes quotidiennes l'affiche, qui ne donne pas un programme quotidien mais seulement une annonce destinée à rester plusieurs jours en place, n'est apposée que deux fois par semaine, le jeudi matin et le dimanche matin.

On voit que pour être quelque peu en dehors des catégories classées, le métier de « dépiauteur » n'en est pas moins soumis à une technique spéciale et à des règles fixes, et, qu'en tous cas, il constitue une physionomie assez curieuse du Paris nocturne.

Et, à ce propos, il peut paraître intéressant de faire voir qu'à Paris, *rien ne se perd* et *que tout se transforme.*

Et les malheureux, obligés de trouver un petit métier qui les sauve, sont intéressés à la question.

Rien ne se perd

Ce que deviennent les tas d'ordures.
Vieux habits, vieux galons.
Les arlequins et les mégots.
Les vieux souliers et les bouchons.
Un truc ingénieux.

Si vous courez les rues de Paris à l'heure matinale où les crochets de chiffonniers butinent parmi les tas d'ordures, vous êtes-vous demandé jamais où pouvaient aller, que pouvaient devenir les choses aussi variées qu'étranges dont les *biffins*, hâtivement, emplissent leur hotte ?

Parlons d'abord du chiffon.

On ne soupçonne pas les innombrables catégories qui en sont faites, selon la qualité, la couleur et la matière dont il est tissé.

Ceux qui sont encore utilisables, tels quels, sont revendus, mais la plus grande partie passe aux fabriques de papier.

Certains de ceux-ci vont aux fabricants de carton; d'autres, comme les papiers d'affiches, servent à confectionner des boutons de bottines.

Perdez-vous vos cheveux ? Le chiffonnier

les ramasse, les cède au coiffeur qui les nettoie, les travaille et vous les rendra sous forme de perruques.

Les boîtes de fer-blanc vides, de sardines ou autres conserves, vont aux fabricants de jouets d'enfants.

Les bouteilles non cassées sont revendues à la maison qui les créa, ou vendues aux pharmaciens ou aux bazars. Le verre cassé est revendu aux verriers; les tessons de bouteilles sont pilés pour faire du papier d'émeri.

Les vieux os ont deux destinations : s'ils sont entiers, on les utilise pour la cordonnerie, qui les emploiera à lisser le cuir de nos chaussures, ou bien on fabriquera des objets en « ivoire » : brosses à dents, manches de couteaux, hochets ou porte-plume. Sont-ils brisés ? on les transformera en noir animal ou en colle.

Les peaux de lapins sont vendues aux coupeurs de poils, qui les emploient pour la confection des chapeaux.

Les plumes des volailles sont triées en plusieurs catégories. Les petites servent à faire des oreillers ou des formes de modes, ailes, boas, etc. Certaines des grandes sont

teintes et employées également par les modistes; les autres servent à fabriquer des
flotteurs pour pêche, des cure-dents, etc...

Des reliefs de la table, viande, morceaux
de volailles, pâtisseries, on fait des *arlequins* qui sont vendus dans les marchés aux
gens dont le palais et l'odorat sont plus
complaisants que la bourse; les croûtes de
pain vont aux « boulangers en vieux » qui
les grattent, les pilent et les transforment
en chapelure ou bien les livrent comme
« pain pour chiens ».

Les élastiques et les morceaux de caout-
chouc sont repris par les fabricants qui en
remettent les matières premières à la masse.

Les graisses quelconques sont refondues
et servent à la « fabrication de graisses
pour voitures » et parfois aussi, hélas ! de
« graisses alimentaires ».

Les vieux chapeaux de paille font les papiers d'emballage, les vieux feutres se transforment en semelles. Les mégots ou résidus
de cigares ou de cigarettes sont vendus à des
industriels peu scrupuleux qui les remettent
à neuf et les livrent à bas prix.

Mais tout cela ne vaut ni les vieux souliers, ni les vieux bouchons.

Lorsque les premiers ne sont pas encore absolument hors de service, le brocanteur les revend aux pauvres gens.

S'ils sont tout à fait impropres à cet usage, on les découd et c'est alors que l'industrie fait merveille.

Tantôt on les transforme en une pâte qui prend l'aspect des plus beaux cuirs de Cordoue, sur laquelle on imprime des dessins et qui sert à couvrir des chaises et des fauteuils ou à faire des tentures murales.

On se sert également de cette pâte pour recouvrir les malles et les sacs de voyage. Mais il y a mieux, car de ces vieux souliers, on en fait des neufs.

Pour cela, une fois qu'ils sont décousus, on en arrache les clous, les morceaux sont mis à tremper dans l'eau pour les assouplir, puis on y taille à l'emporte-pièce des empeignes d'enfants ou de fillettes. La semelle est également utilisée à faire des semelles plus petites : les plus petits morceaux servent à fabriquer des talons Louis XV. Quant aux clous, ils sont triés à l'aimant qui permet de séparer ceux de fer et ceux de cuivre : ces derniers sont vendus comme matière première.

Quant aux vieux bouchons, ils sont nettoyés, recoupés et servent à recouvrir les bouteilles des pharmaciens et des parfumeurs. Pour la transformation, la besogne n'est pas mince.

Songez qu'il est des bouchons qui sont dans un état de malpropreté innommable, mais cela n'est pas fait pour arrêter les truqueurs.

Ils écartent ceux que le tire-bouchon a trop endommagé, et les autres sont d'abord lavés à l'eau ordinaire, puis passés à l'acide sulfurique qui les décolore et leur donne, sinon la pureté, du moins l'aspect du liège neuf. C'est alors qu'on les retaille et le tour est joué.

Certains bouchons de champagne se revendent fort cher, et ceci, grâce à la petite supercherie que voici : Afin de lutter contre la concurrence, certains marchands de vins ont imaginé d'offrir une prime aux garçons de restaurant qui leur rapporteraient des bouchons portant leur marque.

La prime est de 2 francs par bouchon.

La combinaison est ingénieuse, puisque, dès lors, les garçons ont intérêt à recommander la marque; mais il est arrivé que certains d'entre eux se sont entendus avec des chiffonniers afin d'augmenter leurs recettes du produit des bouchons provenant des tables familiales.

Si le truc se généralise, il finira par devenir, pour les fabricants de champagne, une curieuse opération.

Ajoutons enfin que, on le voit, rien ne se perd parmi les détritus jetés aux ordures; tout ce qui n'est pas utilisé par l'industrie est employé à l'engrais.

Et, à l'instar de la matière, nul effort n'est perdu.

Le Chanteur des cours

Ce métier là n'est point recommandable, car celui qui l'exerce est ni plus ni moins un mendiant.

Mais s'il est des fainéants qui sont « chanteurs de cour », il y a, dans le nombre, des ambitieux qui réussissent.

L'anecdote suivante le prouve : ce métier est, paraît-il, en Amérique l'un des mieux rétribués.

Il est mort dernièrement, laissant à ses héritiers la coquette somme de 2.500.000 fr. un de ces modernes aèdes qui était, il est vrai, doué d'une fort belle voix :

Ce mendiant-capitaliste voulut être, avant de disparaître, son autabiographe, et il conte dans ses mémoires comme quoi il s'est fait une moyenne de quatre cents francs par jour en chantant dans les cours du Nouveau-Monde.

Notre homme possédait un splendide château très « modern style. » Tous les matins, dès neuf heures, il sortait pédestrement de sa royale demeure, porteur d'un violon et accompagné d'un misérable chien pelé. Vers midi, sitôt qu'il avait réalisé le minimum de recettes qu'il s'était au préalable fixé, il déjeunait hâtivement et le plus frugalement possible sur un coin de banc.

Après quoi, il continuait sa tournée, s'en allant de nouveau s'égosiller dans les cours, en râclant de son instrument.

Le soir, il rentrait au logis, et vêtu en élégant, allait faire une promenade dans son cab.

La profession de chanteur des cours n'est-elle pas tout indiquée pour les lauréats du

Conservatoire qui se trouveront demain sur le pavé ?

Maintenant, l'Amérique, c'est bien loin, les chiffres grossissent en traversant l'Atlantique...

Chiffonniers, Chineurs et Marchands d'habits

Parmi les chiffonniers, il y a le petit peuple des « piqueurs », qui s'en vont à la glane, au hasard du crochet, avec sur le dos, la hotte, ou « cachemire d'osier »; la bourgeoisie des placiers qui travaillent à poste fixe, dans un secteur déterminé, à qui les cuisinières vendent directement, et de la main à la main, croûtes, ferrailles et bouteilles cassées, et dont les charges se vendent comme des études de notaires ou d'avoués; enfin, la haute finance et l'aristocratie représentées par le maître chiffonnier, qui achète en gros les débris, et les revend aux industriels qui en tireront parti.

Corporation très fermée que celle des chiffonniers, et beaucoup moins accessible aux déclassés que l'on ne veut bien le dire.

Ils nous ont doté du mot « rupin » et d'une métaphore « avoir de l'os ».

C'est pour eux, en effet, les débris de meilleur rapport. Baguettes d'éventail, élégantes et souples, peignes, brosses et cadres de miroirs, poudres dentifrices, bougies et postiches sortent de la hotte du chiffonnier.

Il n'est pas jusqu'aux vieilles croûtes, extraites des détritus, qui ne soient promues à un destin nouveau.

« Quand elles sont propres, a dit un chiffonnier, nous les mangeons nous-mêmes, et quand elles sont trop sales, nous les faisons remanger aux bourgeois sous forme de chapelure ou de pain d'épices. » (1).

Lisez ci-dessous ces deux chansons du chiffonnier. Elles sont naïves et curieuses.

Chiffonnier ancien (xviiᵉ siècle)

Dans Paris, la grand'ville,
On y voit chaque jour
Plusieurs femmes et filles
Qui crient tour à tour :
— « Qui a de vieux chapeaux,
De vieux souliers, de vieilles bottes,

______

(1) *Les Chansons de Métiers*, Paul Olivier.

De vieux guenillons,
De vieux chiffons,
Remplis de crottes ? »
Achetons, vendons,
Commère Jeanneton,
Pour boire du vin
Tant au soir qu'au matin.

. . . .

Qui a fait la chansonnette ?
C'est un bon compagnon
        Du chiffon.

                (*La Caribayé des Artisans.*)

Chiffonnier moderne

Sans m'inquiéter des impôts, d'la patente,
J'fais mon commerce, et j'vis d'adversité.
Que m'fait aussi le tarif de la vente,
Pourvu que j'boive et chante en liberté ?
Tout mon avoir consiste en mon courage ;
Et je n'crains pas que la griff' de l'huissier
Vienn' s'emparer du fruit de mon ouvrage.
Rien n'est heureux comme un gai chiffonnier.

. . . .

                (*Poésies populaires de la France.*)

Le Marchand de statuettes

Encore une petite profession pittoresque.

Les marchands de statuettes sont de toutes les saisons.

Quelque temps qu'il fasse ils doivent vendre pour manger, pour dormir.

Aussi, n'hésitent-ils jamais à vous laisser, contre cinquante centimes, le nu, si l'on peut dire ! qu'ils vous avaient tout d'abord « fait » cinq francs...

Que ne se procure-t-on pas avec dix sous ? Des frites croustillantes et dorées, une chipolata cuite à point et des glaces nombreuses, si la chance vous favorise au noble jeu du tourniquet. (1).

Et si l'on a soif, les Wallace sont là.

Et plus rémunérateurs sont, à n'en pas douter, les métiers tranquilles de *marchand de glaces et de coco, marchand de cacaouettes ou d'olives;* les uns qui stationnent devant les Tuileries, les autres qui courent les cafés à l'heure de l'apéritif...

---

(1) R. Oudot.

Plus souvent, cependant, les marchands de statuettes sont de pauvres gosses d'Italie, exploités par un entrepreneur, « employeur » sans pitié et cupide.

Parti de l'atelier de moulage, au côté
Un panier contenant l'olympe en tons d'ivoire,
L'enfant de sa main libre élève une Victoire
Et consulte des yeux le promeneur tenté...

(Ur. Suò.)

PROFESSIONS D'INITIATIVE

Le Reporter — Le Courtier

Parmi les professions où il faut, pour réussir, beaucoup plus d'initiative et de persévérance, je peux citer : le reportage et le courtage.

Le Reporter, dit Rondot, est un des produits les plus récents de l'industrie journalistique.

Sont nombreux ceux qui s'occupent « d'information » dont la hiérarchie se divise ainsi : en haut de l'échelle, le « grand reportage » ; au dernier degré : les braves et courageux chiens crevés. Fastidieux serait de dénombrer toutes les catégories et sous-classes d'un métier devenu « divers » par l'appétit du public friand des moindres détails des événements publics et des secrets de la vie de chacun.

Pour devenir bon reporter, il faut être vaillant, inlassable, curieux, ingénieux, malin et méthodique.

Il faut de l'entregent et de l'aplomb. Ces deux qualités sont indispensables.

Il ne faut pas avoir peur ni de l'apache ni de la gifle, ni d'un duel, ni d'un scandale.

Il faut être brave.

Celui qui a de la mémoire et de l'imagination peut faire un reporter très habile... et le reportage mène à tout.

Et si j'ai lié, sous la rubrique : *Profession d'initiative* : le Reporter et le Courtier, c'est que les qualités de l'un sont les mêmes à acquérir pour ces deux carrières.

Le courtier peut faire un excellent reporter, comme le reporter peut devenir un parfait courtier.

Par courtier, j'entends, bien entendu, « placier », ce qu'on appelle aussi « *représentant* ».

On commence par entreprendre des courtages faciles pour être très apte plus tard à gagner beaucoup d'argent dans une « partie » plus délicate.

Un représentant peut voyager, et par là, s'instruire davantage et se perfectionner dans l'art de bien vendre.

Si vous devenez voyageurs, il faut posséder suffisamment d'habileté et d'expérience pour que le patron puisse, sans inquiétude, se reposer sur vous.

Vous devez soumettre les nouveautés, faire valoir les qualités des marchandises et conclure les marchés.

1° Il faut obtenir des ordres.

2° Il faut en obtenir toujours davantage.

« Attachez-vous aux clients qui sont difficiles à avoir, car ce sont habituellement les plus fidèles ; il faut beaucoup de temps et de tact pour entrer en relations avec eux, mais, par contre, lorsqu'ils vous auront donné leur clientèle, ils ne vous seront pas enlevés par le premier concurrent venu » (Selling Magazine).

Le courtage touche donc de près le reportage, et l'un comme l'autre, sont des métiers indépendants qui offrent beaucoup d'avantages, donnant le moyen de se créer des relations, ce qui est très important dans une ville comme Paris, où le favoritisme règne en maître.

Mais, pour arriver à se faire une petite situation dans ce genre de profession, il faut durement peiner et s'entraîner au sport de l'énergie.

Le courtage et le reportage sont un et font l'éducation de la volonté.

On voit tous les jours le petit courtier ou le petit journaliste devenir de grands et de puissants « brasseurs d'affaires ».

Que ces exemples vous encouragent à suivre, sans fléchir, la route ardue qui conduit aux résultats tant convoités.

Le Copiste

J'indiquerai, en passant, une petite planche de salut à ceux que la misère ou la malchance subites ont complètement désorientés.

C'est le copiste dont je veux parler.

Il y a beaucoup de maisons à Paris qui donnent à ceux qui le sollicitent un travail de copie qui rapporte dans les 2 à 3 francs par jour.

Avec ce gain, on peut voir venir le lendemain, sans trop de frayeur.

Les journaux, à la rubrique des « *Petites annonces* », demandent souvent des jeunes gens (hommes et femmes) pour faire des bandes, copier des adresses, des circulaires, etc...

Si l'on a une assez belle écriture et que l'on aille vite, on a vite fait ses mille enveloppes.

Le plus vaillant sera toujours le mieux considéré.

Cela peut vous donner l'idée de vous établir véritable « copiste » pour votre compte, à la recherche des particuliers et commerçants qui voudront vous confier du travail. Si vous avez su vous créer des relations dans le monde littéraire, vous pourrez recopier, en belle ronde, les manuscrits d'auteurs (romans, pièces de théâtre, travaux techniques, etc...).

La Société des Gens de Lettres, celle des

Auteurs, vous fourniront des clients, et peu à peu, vous vous formerez une clientèle intéressante et utile.

Egalement, si vous pouvez apprendre la sténographie et la dactylographie, vous aurez là une arme puissante pour lutter contre la vie besogneuse.

La Machine à écrire

La machine à écrire s'implante partout et d'autant plus que les affaires se faisant vite, le progrès multipliant l'effort et augmentant l'ouvrage, les chefs de maison sont forcés de recourir aux dactylographes pour faciliter et activer la tâche quotidienne.

Il est certain, qu'à l'heure actuelle, le nombre de ceux qui apprennent et connaissent la machine à écrire est très important, mais on trouve toujours moyen de se caser quand on sait se faufiler parmi la foule compacte de quémandeurs plus timides.

L'Ecole Pigier, rue de Rivoli, forme des sténographes et dactylographes comme il forme des comptables devenus très experts par la suite.

Avec de la pratique et du doigté, on parvient à aller très vite, ce à quoi il faut tendre par-dessus tout.

Il faut aussi connaître quelques machines, les meilleures, les plus connues.

Parmi celles-ci, citons les marques : Underwod, Remington, Yost, Ronéo, Smith premier, Adler, Oliver, Monarch, etc...

On trouve ensuite des places très avantageuses de dactylographe.

Un jeune homme est d'ailleurs payé plus cher qu'une femme.

Il débute à 150 et 200 francs; puis, il arrive à toucher 250, 300 francs, ce qui représente déjà un fixe appréciable.

De même que le copiste, il peut se procurer du travail au dehors (circulaires, lettres, manuscrits, thèses, etc...).

Comme on le voit, la machine à écrire, surtout si on peut en faire achat d'une (ce qu'on a dépensé pour la machine et pour les accessoires : papier, rubans, gomme, huile, est vite rattrapé), est un bon outil qu'on a entre les mains.

Mais il est nécessaire d'aller au-devant des commandes, et si l'on est content du travail précédemment exécuté, les clients restent fidèles et vous offrent le moyen de gagner honorablement votre vie.

Je ne crois donc pas inutile d'indiquer aux jeunes gens de tous âges et de toutes conditions ce métier très répandu actuellement et dont le mécanisme n'est pas très pénible à apprendre.

Comment, entre temps, on apprend un métier

Aux heures de loisir, il serait bon de perfectionner son instruction et d'ajouter d'autres cordes à son arc.

On peut apprendre à faire soi-même, chez soi et ailleurs, beaucoup de choses, petites et grandes.

Les métiers manuels sont profitables à tout le monde.

Ainsi, on devient ébéniste, menuisier, serrurier, tapissier, brocheur, relieur, électricien, etc...

Que d'économies on réalise de la sorte !

Et on en retire non seulement un intérêt, mais une distraction.

De même qu'il y a des jardiniers en chambre, qui font de l'horticulture sur le rebord de leur fenêtre, il y a également des amateurs ingénieux, qui logés à l'étroit, accomplissent de multiples travaux, tant ils sont habiles à tirer parti du moindre coin.

Si vous voulez faire de la menuiserie, l'outillage de votre atelier, pour être des plus réduits, sera composé de : 1° un marteau; 2° une scie; 3° un rabot; 4° un tournevis; 5° un vilbrequin et la mèche; 6° une percerette; 7° des ciseaux de grosseurs différentes; 8° une lime; 9° une règle et une équerre; 10° une paire de tenailles.

Il faut ajouter à cette liste un long couteau, une petite hachette et un pot à colle forte avec son pinceau. On sera merveilleusement monté sans avoir dépensé beaucoup d'argent.

Muni de tous ces outils, on peut s'occuper à la maison et se créer un métier dont on retire des bénéfices immédiats.

Avec de la patience et de l'adresse, on saura devenir un bon artisan, un bon ouvrier d'art, un artiste.

Suivez les *cours gratuits* qui se donnent, les soirs, dans les Mairies et dans des Ecoles, c'est là que vous apprendrez ce que vous ignorez ou ce que vous avez oublié : la comptabilité, la sténographie, les langues vivantes (anglais, allemand, espagnol), et ces soirées-là ne seront pas perdues pour vous.

La science gratuite est quelquefois la meilleure; en tous cas, elle est distribuée par des hommes très compétents qui se mettent habilement à la portée de toutes les intelligences; ces leçons vous rendront la mémoire perdue ou justifieront celle que vous possédez encore.

Et comme l'on n'en sait jamais assez, on observera et on retiendra ce que l'on voit, ce que l'on entend, on acquerra une expérience qui est une force et un levier pour engager la lutte et soulever le poids de l'existence.

Faire autre chose en *faisant « quelque »* *chose* prouve l'intelligence et le courage du jeune homme qui a hâte de se débrouiller.

Se débrouiller vite, tout est là, car les jours passent, et les voisins vous poussent de côté et ne cherchent qu'à prendre la place que vous voulez occuper.

Savez-vous aussi ce que l'avenir vous réserve ? Même si vous avez réussi, êtes-vous sûrs qu'un malheur, qu'un accident ne détruiront pas votre tranquillité et votre bonheur ?

Aussi, on ne doit pas craindre de cumuler les métiers, d'étendre ses capacités, de les faire servir en toute occasion, de profiter de la vie quotidienne pour la scruter, la peser, la connaître.

LA VOCATION

« Pour réussir, sachez de quoi vous êtes capables. »

Bien peu d'hommes y parviennent ; d'abord, parce qu'ils n'en prennent pas la peine ; ensuite, parce que la tâche est délicate.

Pour ce qui est de l'instruction, l'affaire n'est pas très compliquée, nous avons les examens qui sont, malgré tout, les pierres de touche.

Mais pour ce qui est de l'ensemble des qualités réclamées spécialement par chaque situation, c'est plus difficile.

Souvent, l'amour-propre s'en mêle, reflète à notre activité des buts que nous n'atteindrons jamais et nous fait ainsi ressembler à ces pêcheurs fabuleux qui jetaient leurs filets dans un étang pour y saisir l'image de la lune.

Il y a, par exemple, des jeunes gens qui bégaient à faire de la peine et qui veulent être avocat.

Et cet autre, timide, peu apte à diriger les hommes, qu'éblouissent les épaulettes de sous-lieutenant !

Et cet autre encore, qui a besoin de grand air, d'activité physique et d'indépendance, qui rêve d'être secrétaire de mairie, employé de Préfecture, ou conservateur des hypothèques.

Ne parlons pas, n'est-ce pas, des artistes et gens de théâtre qui peuvent, toute leur vie, avoir du talent sans jamais en donner ou recevoir la plus légère attestation.

Avant donc que d'agir pour un but, examinons-nous et consultons longuement notre esprit et nos forces.

Méfions-nous des impulsions qui naissent de l'amour-propre, de la contagion du milieu ou de l'exemple et de toutes ces causes d'erreur qui se cachent sous le mot de « vocation ».

Des vocations, il y en a bien peu qui soient vraies, quoi qu'en pensent les jeunes gens qui se croient touchés par la grâce d'être appelés vers tel ou tel but.

Sans doute, ils sont sincères, mais ils s'illusionnent et ne s'aperçoivent pas qu'ils n'aiment de telle situation que le côté brillant, non les charges ou les désavantages.

Ce sont ces derniers cependant qu'il faut envisager.

Par exemple, si vous croyez être appelé à la carrière militaire, songez moins aux brillantes épaulettes du sous-lieutenant qu'à sa pénible solde, ce sera un bon moyen d'éprouver vos véritables tendances.

Un autre moyen d'éprouver sa vocation, c'est de consulter les gens expérimentés.

Surtout ne donnez pas à ce mot un sens trop large.

Ne consultez pas au petit bonheur un ou des étrangers.

Consultez les gens connaissant vraiment

telle carrière que vous voulez embrasser, soit qu'ils l'aient suivie avant vous, soit qu'ils en aient fait l'étude.

Donc, ne pas agir avant de savoir de quoi l'on est vraiment capable.

Le suivre, c'est souvent moins gai qu'on ne le souhaite, mais toujours plus utile qu'on ne le croit.

Que fait l'homme d'action pour arriver à ce résultat : la fortune ?

Ceci tout simplement :

Il choisit la profession à laquelle le destinent ses aptitudes, il met tout son zèle à la bien apprendre.

Il débute jeune afin de connaître les rudiments et les premiers principes qui permettent d'asseoir solidement les connaissances ultérieures.

Il porte son attention sur tous les détails.

Il aime son travail et l'accomplit avec bonne humeur.

Il ignore l'ennui parce que son travail est pour lui une source ininterrompue d'observations intéressantes et variées.

Il est matinal.

Il ne perd jamais son temps.

Il cherche toutes les occasions d'utiliser toutes ses connaissances techniques.

Il n'abandonne rien au hasard.

Il discerne les bonnes choses des mauvaises, le profit de la perte, le succès de l'échec.

Ses décisions, qui paraissent spontanées, sont toujours sérieusement mûries.

Il ne craint pas la fatigue, il ne ménage pas ses démarches.

Il est toujours où il doit être.

Il use du repos, il n'en abuse jamais. L'abus du repos, c'est l'oisiveté, c'est la rouille de l'énergie.

Il écoute avec bienveillance ceux qui ont quelque chose d'intéressant à dire.

Il en fait son profit.

Il ne refuse aucun conseil.

Il est psychologue et perçoit rapidement la valeur d'un homme.

Il a le sens de l'économie et de la dépense.

Il ne fait pas de sentiment en affaires.

Il ne parle que de ce qu'il sait.

Son œil ne plane jamais, son esprit non plus.

Il note ce qu'il craint d'oublier.

Il est honnête, il est ordré, il est exact.

Apprenez donc de bonne heure à être homme d'action, afin de conquérir l'indépendance sans laquelle rien n'est possible ici-bas.

. . . .

Soyez sobre, sérieux; attentif aux mille aspects de la vie, afin d'esquiver ceux qui peuvent aliéner votre liberté et pour plier votre expérience à ceux qui doivent vous servir.

Débutez, médiocrement s'il le faut, mais débutez.

Accomplissez votre œuvre avec gaieté, la joie allège l'effort.

La probité, l'ordre, la loyauté constituent le premier capital de l'homme d'action.

Le travail ne devrait pas être considéré comme une corvée ingrate, un joug détestable, sous le poids duquel nous nous courbons en révoltés, en cherchant, par tous les moyens possibles et les plus prompts, à nous en affranchir.

Réaliser une œuvre, exécuter un objet, devraient toujours nous procurer une joie réelle. Voir devant soi la preuve palpable de son adresse, le témoignage de sa patience et de son ingéniosité, en dehors des bénéfices pécuniaires qui peuvent en résulter, n'est-ce pas suffisant pour remplir le cœur d'une satisfaction intime, plus douce, plus sereine, que le plus brillant des plaisirs ?

D'où vient, cependant, que pour la majorité des hommes, le travail n'est qu'une forme modernisée de l'esclavage antique et que, malgré sa réputation bienfaisante, il use et tue tant d'êtres, jeunes ou vieux ?

Tout simplement de ce que le travail est mal fait, l'action mal ordonnée, l'énergie gaspillée.

Or, si l'on possède les qualités précitées, c'est-à-dire : la volonté, l'ordre, l'économie, l'entregent et l'esprit pratique, il sera moins malaisé de tout vaincre et moins périlleux de tout tenter.

Ce qu'on peut devenir après une lutte courageuse

Si, après avoir engagé la bataille contre la vie, on ne s'arrête pas en chemin on devient fatalement ce qu'on a rêvé d'être.

C'est l'ambition qui vous a aidés.

Le milliardaire américain, Andrew Carnegie écrit ceci, dans l' « *Empire des Affaires* » : « Supposant que vous avez tous obtenu un emploi et êtes bien lancés, voici le conseil que je vous donne « Visez haut ». Je ne donnerai pas une figue du jeune homme qui ne voit pas déjà l'associé ou le chef d'une importante maison. Ne vous contentez pas un seul instant dans vos pensées d'être principal employé, contremaître ou administrateur général de n'importe quelle affaire, si considérable qu'elle soit. Que chacun de vous se dise : « Ma place est au sommet ». Soyez roi dans vos rêves.

Faites le vœu d'atteindre cette situation, avec une réputation sans tache, et ne faites pas d'autre vœu qui puisse distraire votre attention... »

Je suis certain que le jeune homme qui, pour ne pas périr de misère, a adopté bravement l'un ou l'autre des petits métiers que j'ai indiqués au cours de ce volume, et les a exercés avec profit, saisissant l'occasion de le laisser pour en prendre un meilleur et plus avantageux, je suis certain qu'il peut, à force de peine et d'intrigues, découvrir un emploi avouable et rémunérateur, emploi où il pourra développer plus librement toutes ses facultés.

Les développant, il obtiendra le succès, la chance qu'il faut forcer, et fils de ses œuvres, il pourra aussi regarder en face le passé auquel il s'est attaché par les souffrances même dont il est parsemé.

Ce jeune homme goûtera avec ivresse la halte heureuse de tant de labeurs ingrats, farouches, prosaïques, et, poussé par cette première victoire, il n'aura que le désir, âpre et violent, de conquérir plus encore, de devenir plus grand, invincible.

Mais le principal était de ne pas mourir en face du pain qu'on ne peut manger, puisqu'on ne l'avait pas gagné.

Et les remèdes sont à l'intention de toutes les vaillances, ces remèdes qui sont des professions de déclassés. Il n'y a pas de sots métiers...

Et dès l'instant où on ne tend pas la main pour implorer hypocritement la charité des passants, on est estimable de faire la besogne la plus grossière qui vous rapporte de quoi vivre une journée.

D'ailleurs, ceux qui mendient sont, pour la plupart, des exploiteurs, et il vaut mieux éviter d'implorer l'aumône, quoique parfois on ne puisse blâmer qu'un homme, sans travail essaie, à toute extrémité, de tendre la main... sans pour cela en faire une habitude, ce qui le perdrait à tout jamais.

Combien de malheureux, trop fiers, meurent lamentalbement !

De « *Paris qui mendie* » j'extrais ces lignes :

« Et quand ce même homme vient vous dire, qu'après avoir assisté aux orgies des faux-pauvres, il a vu mourir de misère et de faim, les vrais malheureux, les pauvres honteux, les ouvriers honnêtes, chargés de famille ou accablés par la maladie, tous ceux qui luttent jusqu'à la dernière heure, jusqu'à la dernière minute, sans jamais oser tendre la main aux passants, ni laisser même deviner par leur voisin l'épouvantable situation, contre laquelle ils se débattent, ne sentez-vous pas qu'en continuant à donner à des exploiteurs l'argent avec lequel vous pourriez aider de vrais malheureux, vous commettez plus qu'une faute, vous commettez un crime, car vous vous rendez complices du mal que vous pourriez éviter. »

Il vaut mieux, néanmoins, rassembler vos

forces éparses pour sauver votre vie de la misère qui vous guette.

La Misère ! Mot fatal et horrifiant, sinistre !

La misère qu'il faut éviter à tout prix, au risque même de perdre vos dernières chances.

Luttez, luttez sans désespoir.

Ce que vous deviendrez : un arrivé, après avoir été un arriviste, mais pas de ces arrivistes comme nous en voyons tant, qui marchent sur tout, écrasent tout, l'honneur, la vertu, la beauté, un arriviste honnête.

Il n'est pas besoin de parvenir à la richesse, il suffit de réussir à obtenir l'aisance, le bien-être, une situation de tout repos qui vous assure jusqu'à la fin de vos jours la matérielle nécessaire à votre existence et permettant aussi d'assurer celle de votre épouse et l'avenir de vos enfants.

Vous aurez atteint alors le but rêvé, et le bonheur sera chez vous, comme un objet familier dont vous ne voudrez jamais vous détacher et pour la conservation duquel vous travaillerez toujours, allègrement.

CONCLUSION

D'avoir lu ce petit traité à l'usage des jeunes gens, en quête d'une position, et qui, pour la créer, en sont réduits à exercer de petits métiers efficaces, je ne crois pas qu'on se repente, car je me suis efforcé de prouver combien Paris offre de ressources aux infortunés.

J'ai fait une sélection parmi les professions qui sont les plus courantes et les plus propices à tirer d'affaire, un moment, ceux qui n'ont pas le temps de voir venir le lendemain.

A côté de cette courte liste, j'ai voulu démontrer quelles sont les conditions de la réussite dans la vie et pousser les jeunes hommes, sans appui, sans conseils, sans expérience, à fortifier leur volonté et à réveiller leurs ambitions.

Que ce volume soit leur *vade-mecum*, le guide de leurs pas à travers leur existence tourmentée, et qu'aidés, consolés, devenus audacieux, vaillants et habiles, par la lecture de ces pages, ils ne redoutent ni le danger, ni la défaite, mais, au contraire, l'évitent et en triomphent. On ne meurt pas de faim, quand on est énergique et persévérant, et s'ils en sont convaincus par les exemples que je cite et les arguments que j'expose, je me féliciterai d'avoir écrit ces lignes pour eux.

Que cette citation de Bossuet soit la conclusion de ces pages : « Comme la vie est dans l'action, celui qui cesse d'agir semble avoir cessé de vivre. »

FIN

TABLE DES MATIÈRES

Grande Imprimerie de Troyes, 128, rue Thiers